DIVINA ALQUIMIA

DIVINA ALQUIMIA

PATRICIA HELÚ

COMPANHIA DE MESA

SUMÁRIO

11 Apresentação

14 Transformação através da comida

16 Masala, meu ingrediente-chave

18 Receitas-base

18 Sal de especiarias

20 Sal verde

21 Gersal com nori

21 Gersal simples

22 Pasta de alho

24 Temperos: características, usos e receitas

26 Lista de ingredientes e utensílios

ALMOÇO NA PRAIA

30 Tempero baiano

31 Refresco de kiwi e hortelã

32 Ceviche de coco verde

34 Tartar de banana e carambola

36 Sopa fria de pupunha

38 Molho de maracujá

39 Salada de flores e folhas da estação

40 Moqueca de cogumelos

44 Pudim salgado de arroz

46 Farofa AMMA

48 Sorvete de caramelo salgado

BANQUETE ÁRABE

52 Pimenta síria

53 Zaatar

54 Melado de tâmara

55 Shot de manga com água de rosas

56 Ricota de amêndoa com ervas

58 Esfiha

60 Coalhada de castanha

62 Babaganush

64 Homus tradicional

66 Homus defumado

68 Homus pink

70 Homus de couve-flor

72 Leite de amêndoa

73 Chancliche de amêndoa

74 Quibe cru

76 Quibe assado recheado

80 Kafta de funghi

82 Molho de hortelã

84 Charutinho

86 Arroz com lentilha à moda síria — mjadra

90 Torta de pistache, tahine e cacau

PIQUENIQUE

- 116 Golden matchá
- 116 Golden matchá latte
- 118 Café coado no chá de canela
- 120 Divina granola
- 122 Tapioca raiz (rösti de mandioca)
- 124 Açaí bowl
- 125 Molho de tahine
- 126 Salpicão
- 127 Quionese (maionese de quinoa)
- 128 *Club sandwich*
- 130 *Spring roll*
- 132 Molho picante de amendoim
- 133 Salada de tomate e pepino
- 134 Lâminas de berinjela defumada ao missô
- 136 Sanduíche no pão pita
- 138 Bolinho gelado de banana, cacau e baru

ALMOÇO NO CAMPO

- 94 Lemon pepper
- 95 Pepitas com lemon pepper
- 96 Mary shot
- 97 Molho Dijon
- 98 Queijo amarelo de castanha
- 100 Salada de kale, pepitas e avocado
- 102 Arroz integral com cúrcuma
- 104 Feijão de forno
- 106 Farofa de castanha
- 107 Purê de banana-da-terra com gengibre
- 108 Couve-flor cremosa e crocante
- 110 Torta de maçã
- 112 Brownie de chocolate

CHURRASCO

142 *Immunity booster*
143 Chimichurri seco
144 Castanhas com chimichurri
146 Alho assado
148 Manteiga de alho
150 Tofu coalho no palito
152 Goiabada
152 Molho de goiaba picante
154 Milho-doce em crosta de parmesão e creme azedo
156 Creme azedo
157 Picles de beterraba e pepino
158 Salada de minifolhas com picles de beterraba, manga e castanhas ao chimichurri
160 Vinagrete de caju
161 Molho agridoce defumado
162 Tempero defumado
164 Espetinho de legumes defumados

LOWCARB

168 Masala com baunilha
169 *Bulletproof coffee*
170 *Crostini* multigrãos
172 Salgado de abóbora
175 Requeijão de castanha
176 Molho de tomate
177 Pesto de abobrinha
178 Risoto caprese
180 Lasanha de legumes
182 "Sonho de Valsa"

PARECE, MAS NÃO É!

186 Tartar de cenoura
188 Tagliata
190 Casquinha de siri fingido da Baiana
192 Hot dog
194 Lombo de jaca
197 Bacon de tofu
198 Carbonara
200 Queijo cremoso tipo chèvre
202 Fondue
204 Queijo *bleu* (tipo roquefort/ gorgonzola)
206 Doce deleite
208 Alfajor
212 Brigadeiro de colher

JANTAR DESCONTRAÍDO

216 Mix de pimentas e sal defumado
217 Kombucha com zimbro
218 Avocado toast
220 Flor de avocado
221 Pasta de amendoim ao missô
222 Toast de cogumelos, amendoim e missô
224 Ragu de cogumelos
226 Espaguete à bolonhesa de tempeh
230 Parmesão de amêndoa
232 Bruxinha de doce deleite

JANTAR FESTIVO

236 Curry
237 Crocante de nozes
238 Terrine de figo
240 Creme de aspargos com banana ao curry
242 Pesto rústico de cenoura e sementes de abóbora
243 Molho oriental
244 Tomate seco
245 Tomate seco temperado
246 Salada mandala verde
248 Chèvre com crosta de amêndoa
250 Carpaccio de beterraba
252 Salada de grãos com *crisps* de alho-poró
255 *Crisps* de alho-poró
256 Torta de cebola caramelizada
260 Batatinhas carameladas com alecrim
261 Chá de maracujá e gengibre
262 Cheesecake
265 Geleia de frutas vermelhas
266 Crumble de frutas amarelas

FAST-FOOD

270 Cajun defumado
271 Ketchup
272 Casca de batata "frita"
274 Mostarda com melado
275 Tofunese rosée
276 Faláfel búrguer
278 Hambúrguer de cogumelos
282 Nuggets
284 Milkshake de banana com caramelo
285 Caramelado de amêndoas
286 Bolo de churros da Loli

DETOX

294 Rise and shine cocktail
295 Golden tonic
296 Green alcaline
298 Berry delícia
300 Super spirulina
301 Blood cleanser
302 Sopa acolhedora
304 *Latte* de dente-de-leão

308 Inspirações e agradecimentos
310 Índice remissivo

APRESENTAÇÃO

Quando eu era pequena, sempre ouvia minha mãe dizendo a palavra "divina". Para ela, tudo que era gostoso era "divino". O título deste livro, então, é uma homenagem a esta grande mulher: Diva Maria, minha mãe.

Para mim, este é muito mais do que um livro de receitas. Aqui você vai encontrar criações sustentáveis e nutritivas, que utilizam ingredientes naturais e cheios de vida. Minha intenção é despertar a sua vontade de comer alimentos benéficos à saúde, colocando novos sabores no seu prato e mostrando que é possível se alimentar bem sem abrir mão do que dá prazer. Introduzindo bons ingredientes para acompanhar suas refeições preferidas, naturalmente o que te traz bem-estar vai ganhando espaço nas suas prioridades.

As receitas que reuni em *Divina alquimia* vão das mais simples às mais elaboradas, mas até as que parecem mais complexas são acessíveis a todos os níveis de afinidade com a cozinha. Os capítulos deste livro são temáticos.

Aqui, vamos brincar com temperos, molhos e marinadas, trazendo sabor e praticidade ao dia a dia. Permita que a sua vontade de cozinhar aflore.

Espero poder ajudar a despertar em você esse instinto e esse dom — que existe em todos nós, basta ser colocado em prática. E acredite: as incríveis alquimias reunidas neste livro resultarão em pratos cheios de história e sabor.

Que alegria ter você por aqui! Seja bem-vindo a esse universo tão encantador.

TRANSFORMAÇÃO ATRAVÉS DA COMIDA

Desde que me conheço por gente, comida é um assunto que faz parte do meu dia a dia. Meu lugar preferido da casa sempre foi a cozinha — era por lá que eu ficava nas horas vagas, acompanhando todos os preparos.

Desde pequena eu já gostava de ganhar comidas como presente: aos onze anos pedi de presente de Natal aos meus avós paternos um pata negra — perna de presunto cru —, que ficou meses na cozinha e só podia ser comido com a minha autorização.

Os almoços na casa da minha mãe, principalmente quando estávamos só nós duas, me trouxeram um dos maiores aprendizados da vida, que introduzi no meu dia a dia: comer devagar. Olhando para trás, lembro das muitas vezes em que fiquei dias ou até semanas me privando de comer coisas que amava, e aí, quando chegava o momento tão esperado, o prazer era momentâneo, e eu mal sentia o sabor daquele alimento.

Hoje, estar "presente" no ato de comer é fundamental para mim. Perceber que podemos dilatar os instantes do que nos dá prazer, fazendo com que as coisas boas durem muito, foi transformador. É por isso que quero compartilhar com você algo que faz muito sentido para mim: esteja presente no ato de comer e experimente despertar o prazer dos sentidos não tão óbvios. Solte os talheres a cada garfada, ouça os cheiros, saboreie a beleza do prato, deguste cada prazer que o ato de comer proporciona. Faça desse ato diário um presente cheio de amor.

* * *

Na infância, lembro de brincar dizendo que seria dona de um banco, já que minha matéria preferida era matemática, e a ideia de ter meu próprio negócio me encantava. Tive a sorte de ter um pai que sempre me apoiou e deu força para que eu seguisse meus sonhos, por mais malucos que eles parecessem; então, logo que entrei na faculdade de administração ele conseguiu para mim um estágio em uma corretora. Depois de alguns anos fui trainee em um banco de investimentos, onde também aprendi bastante.

Mas a vontade de ser dona do meu próprio nariz sempre esteve presente, e então resolvi me aventurar pelo varejo com uma grande amiga e xará. Abrimos uma marca de roupas confortáveis chamada PASH. Aquilo que começou como nosso TCC na faculdade de administração se transformou numa loja em uma vila modernista nos Jardins, bairro de São Paulo. Empreender e ter meu próprio negócio foi uma grande escola, mas, depois de quase cinco anos, aquilo já não fazia mais sentido para mim. Então, mais uma vez, virei a página. Alguns meses depois lá estava eu estudando para tirar o Creci e ser corretora de imóveis.

Naquela época, aos vinte e poucos anos, meus hábitos eram outros: eu vivia sem propósito, meu humor oscilava a cada instante, era viciada em academia e adorava Coca Zero (que tomava logo ao acordar) acompanhada de um Marlboro Light. É CLARO que isso não poderia dar samba! Resultado: osteopenia e uma fissura na cabeça do fêmur por falta de cálcio. Algo estava muito errado.

A possibilidade de ser operada mexeu demais comigo; então comecei a ir atrás de alternativas.

E foi entre as ervas e as especiarias que um novo universo se abriu. Aquela menina que mal sabia picar cebola se viu fascinada pelas cores e pelos aromas utilizados no ayurveda, uma medicina milenar que me deu as bases para que eu aprendesse a me cuidar e a me respeitar. Hoje, aos 34 anos e com os ossos mais saudáveis do planeta, eu posso dizer que existe cura através do autoconhecimento e da alimentação. Obrigada, universo, por essa fissura no fêmur!

MASALA, MEU INGREDIENTE-CHAVE

Assim que comecei a me encantar pelo mundo da alimentação, minha avó materna me deu um presente: um pilão de cobre que veio da Espanha em 1890 com minha trisavó Mercedes e que, desde então, foi passado de geração em geração até cair em minhas mãos.

Vovó Diva sempre abraçou as minhas causas, prestigiando e motivando as minhas aventuras desde pequena, e claro que, quando soube da minha nova paixão, apareceu cheia de presentes com história (são desses que eu gosto!).

Achei o pilão lindo quando ganhei, mas o via como uma lembrança das aventuras culinárias dos meus antepassados, sem muita utilidade para mim. Mas aposto que minhas antepassadas cozinheiras tiveram participação nisso, para não deixar que esse ato tão importante de preparar o próprio alimento morresse em nossa família. Foi então que me deparei com o mundo das ervas e das especiarias, e um novo universo se abriu. Uma linda peça que decorava minha cozinha virou a maior aliada das minhas invenções e, sem dúvida, fez parte de quase todas as receitas que você vai encontrar por aqui.

Um masala nada mais é do que um tempero feito da mistura de duas ou mais ervas secas ou especiarias. É o ingrediente-chave para transformar receitas simples em experiências inesquecíveis e está presente em quase todos os meus pratos.

Para prepará-lo, basta torrar levemente as especiarias, misturar os ingredientes e macerar num pilão. Se você não tiver um, utilize um moedor de especiarias ou o liquidificador.

RECEITAS-BASE

Agora que já contei um pouco da minha história, trago aqui algumas receitinhas curingas que nunca faltam na minha cozinha. Sugiro você começar pelo sal de especiarias e pela pasta de alho antes de iniciar suas aventuras. Nada como pré-preparos para trazer praticidade e sabor para nossos pratos!

SAL DE ESPECIARIAS

Seria difícil abrir este livro com outra receita.

Para mim, a forma mais fácil de deixar uma preparação extremamente saborosa é brincando com os quatro sabores mais fáceis de encontrar: doce, salgado, picante e azedo.

Nós sentimos cada um deles em um ponto diferente da língua, então, se os misturarmos todos em uma única preparação, a comida deixará de ficar sem graça e passará a ser uma explosão de sabores.

Outro motivo para começar por este sal é que ele não tem uma receita exata. Cada sal será único, de acordo com os ingredientes que você tiver em casa e com a sua intuição. Claro que vou dar todas as coordenadas, mas o sabor final será único e só seu.

A ideia é ter mais de um tipo de sal para a comida não ficar sempre com o mesmo sabor — um com mais ervas, um mais picante, um mais adocicado, e por aí vai.

Estimulando a criatividade e aguçando a sua intuição, quero que você desperte a vontade de se aventurar na cozinha. Como cada paladar é um, e nos sabores não existe certo ou errado nem bom ou ruim, traga personalidade à sua comida.

¼ de xícara (chá) de sal grosso, marinho ou rosa
½ xícara (chá) de gergelim branco sem casca
¼ a ½ xícara (chá) de ervas secas de sua preferência
¼ a ½ xícara (chá) de especiarias de sua preferência

Torre o gergelim no forno ou em uma frigideira em fogo baixo. Espere até ficar bem dourado, mas tome cuidado para não queimar. Deixe esfriar em um recipiente frio.

Coloque o sal, as ervas e as especiarias em um liquidificador e bata até obter um pó. Se necessário, chacoalhe o liquidificador para facilitar o processo.

Adicione o gergelim e bata até triturá-lo também.

Se necessário, passe por uma peneira para remover as partes maiores — o ideal é que ele fique sem nenhum pedaço.

Sugestões de ervas secas
Alecrim, orégano, manjericão, tomilho, manjerona, cebolinha-francesa, sálvia, louro.

Sugestões de especiarias
Gengibre em pó, cúrcuma (açafrão-da-terra), páprica defumada, páprica doce, canela, limão desidratado, pimentas, cardamomo, cominho em pó, coentro, mostarda, alho em pó, curry.

ONDE USAR?

Este sal será seu melhor amigo na cozinha, pois transforma qualquer preparação simples em algo muito saboroso.

Você pode utilizá-lo no lugar do caldo de legumes para cozinhar grãos, massas e raízes. Ele também pode ser utilizado como base em todas as suas preparações: cozidos, assados, molhos e marinadas.

Pode ainda ser a pitadinha de sabor em uma salada mais simples ou naquele prato em que ainda falta um charme.

DICAS

• Todo mundo fala dos malefícios do sal, mas, quando consumido com moderação, ele mantém o balanço ideal de água e nutrientes dentro das nossas células. O grande vilão é o processo de refinamento, então faça do sal grosso o seu novo sal fino, batendo-o no liquidificador para refinar.

• Neste sal de especiarias, use um sal de boa qualidade e ingredientes secos.

• Conserve em um recipiente de vidro hermético por até 6 meses.

• Brinque com a funcionalidade dos ingredientes: o gengibre ajuda na digestão, a cúrcuma é anti-inflamatória, a canela é termogênica, o alecrim alivia dores menstruais, o manjericão aumenta o desejo sexual, a noz-moscada ajuda na fertilidade, o cardamomo é rico em potássio, ferro e vitaminas...

SAL VERDE

100 g de sal grosso
1 maço de aipo ou erva-doce
1 maço de ervas frescas (hortelã, salsinha, cebolinha, coentro)
1 tomate (opcional)
ervas e especiarias secas a gosto

Preaqueça o forno a 160ºC. Caso você tenha um desidratador, preaqueça a 100ºC.

Pique grosseiramente todos os ingredientes.

Bata o aipo no liquidificador até obter um creme. Se necessário, adicione um pouco de água.

Acrescente os demais ingredientes e bata até ficar homogêneo.

Distribua nas bandejas do desidratador ou em uma assadeira ampla caso opte por assar. Mexa de 15 em 15 minutos, até ir soltando todo o sal e a mistura secar totalmente. Se necessário, vá tirando as partes mais secas e continue a assar apenas a que estiver úmida.

Quando tudo estiver seco, passe em uma peneira ou bata no liquidificador.

Coloque em potes de vidro e tampe assim que esfriar totalmente.

Use no lugar do sal tradicional em caldos, molhos e para finalizar seus pratos.

GERSAL COM NORI

1 xícara (chá) de gergelim branco sem casca
1 colher (sopa) de gergelim preto
2 colheres (chá) de sal rosa
1 folha de nori
pimenta-do-reino moída na hora a gosto
1 colher (chá) de açúcar de coco (opcional)

Preaqueça o forno a 180ºC.

Coloque o gergelim branco em uma assadeira e leve ao forno por 8 a 10 minutos, até dourar. Deixe esfriar em um recipiente frio.

Enquanto isso, coloque a alga nori em um desidratador. Se não tiver um, utilize uma frigideira, colocando algo sobre ela, e deixe no fogo baixo até que a alga fique bem seca, com cuidado para não deixar queimar.

Deixe esfriar e pique rusticamente com as mãos. Bata todos os ingredientes em um liquidificador no modo pulsar, deixando pequenos pedaços de gergelim.

Disponha em potes de vidro e use no lugar do sal tradicional ou para finalizar suas preparações.

GERSAL SIMPLES

1 xícara (chá) de gergelim branco sem casca
2 colheres (sopa) de gergelim preto
2 colheres (chá) de sal rosa

Preaqueça o forno a 180ºC.

Disponha o gergelim branco em uma assadeira e leve ao forno por 8 a 10 minutos, até dourar. Deixe esfriar em um recipiente frio.

Bata todos os ingredientes no liquidificador no modo pulsar, deixando pequenos pedaços de gergelim.

Coloque em potes de vidro e use no lugar do sal tradicional ou para finalizar suas preparações.

Gergelim

O gergelim é uma semente rica em gorduras boas, cálcio, fibra e proteína, tem um sabor que lembra o das nozes e é item obrigatório na culinária sírio-libanesa. É com ele que são feitos o tahine e o zaatar, uma mistura de ervas e gergelim torrado. Fica bom em granolas, crackers, saladas e arroz. Também combina com pratos da culinária asiática e vai bem em doces. (Experimente fazer uma farofa com castanhas e gergelim para comer com sorvete.)

No Brasil, encontramos facilmente o gergelim branco e o preto, mas há também variedades nos tons marrom e vermelho.

Fica excelente quando torrado e moído misturado ao sal com ervas e especiarias.

PASTA DE ALHO

Rende: ½ xícara
Tempo de preparo: 5 minutos
Tempo de cozimento: 1 hora

Esta é uma receita que merece um destaque, e na minha opinião deve ser uma das primeiras a ser feitas.

Esta pastinha de alho assado é um curinga na minha cozinha e está presente quase sempre que utilizo o alho em minhas preparações. Ela é prática e agrega sabor sem perder a leveza, ideal para receitas que utilizam o alho cru, por trazer um sabor menos acentuado, além de facilitar muito a digestão.

Ela pode ser usada para refogar, em receitas de molhos, marinadas ou onde você costuma utilizar o alho tradicional.

Se você, assim como eu, adora esse ingrediente, dá um pulo no capítulo "Churrasco" (p. 140) que lá dou várias dicas e outras receitinhas com ele!

10 cabeças de alho assadas (p. 146)
1 colher (chá) de sal rosa
2 colheres (sopa) de azeite

Com o alho assado ainda morno, retire as cascas e bata no processador com os demais ingredientes.

Deixe esfriar um pouco, coloque em um pote e mantenha refrigerado por 3 meses.

Alho

O alho é um alimento forte e intenso, extremamente medicinal, e deve ser utilizado com moderação.

Aqui vou falar um pouquinho sobre alguns usos do alho, para que você possa escolher o que mais combina com seu organismo e paladar.

Podemos utilizar esse tempero de diversas formas: vai bem refogado, assado, in natura, em pó... Alho é bom de qualquer jeito, só é preciso saber usar a quantidade adequada e ter alguns cuidados no preparo para que ele não sobressaia demais.

Muitas pessoas têm indigestão ou ficam horas "conversando" com o alho, em especial quando o consomem cru, em quantidade grande ou simplesmente quando apresentam mais sensibilidade ao ingrediente mesmo.

Nas minhas receitas, o alho nunca será um alimento marcante — muitas vezes vai chegar de fininho para dar um toque especial, sem roubar a cena.

Alho em pó

Opção mais suave e prática, porque não há necessidade de descascar — nem de ficar horas tentando tirar o cheiro da mão.

O sabor é menos acentuado e é uma ótima opção para receitas cruas.

Alho cru

Quando opto por usá-lo cru em preparações que não vão ao fogo, costumo tirar o miolo para facilitar a digestão e também gosto de picar ou ralar bem fininho para ter certeza de que ele vai incorporar por igual na preparação. Utilizo o alho cru apenas em receitas que serão bem processadas e virarão cremes; assim me certifico de que ele foi distribuído uniformemente.

Alho refogado

Nas minhas receitas, o alho é sempre o primeiro ingrediente a entrar nas preparações e vem acompanhado de uma gordura boa para refogar — eu pessoalmente gosto de deixar até dourar. Se for colocado com mais ingredientes, como a cebola, que solta bastante água, não ficará dourado e poderá deixar a receita com gosto acentuado ou com uma difícil digestão para os mais sensíveis.

A seguir, passo a bola para a minha xará, Pati Castelo, expert no universo das ervas e das especiarias, que me acompanha desde o início da minha trajetória. Há dicas dela no decorrer de todo o livro.

TEMPEROS: CARACTERÍSTICAS, USOS E RECEITAS

por Pati Castelo

Uma das definições de que eu mais gosto para a palavra "temperar" é "colocar-se em harmonia". O que pode ser melhor do que isso quando se trata de comida? Harmonizamos vinhos, chás, chocolates. Como não pensamos em harmonizar temperos? Eles já foram utilizados até como moeda, então nada mais justo que reconhecê-los como verdadeiras riquezas dentro da nossa cozinha.

Hoje compreendemos ainda mais seu valor nutricional e medicinal. Ricos em antioxidantes, eles são anti-inflamatórios, digestivos e depurativos e largamente utilizados na medicina chinesa e na ayurvédica, que entenderam bem o sentido da palavra "harmonia".

Equilíbrio e saúde também se alcançam na mesa. Na rotina diária, o uso de temperos nos ajuda a reduzir de forma significativa a quantidade de sal e açúcar na comida.

Além dos indispensáveis alho e cebola das nossas receitas, existem pelo menos outras quarenta ervas, especiarias, sementes e rizomas que podemos usar para dar um sabor diferente e autêntico aos nossos pratos. Muitas cozinhas regionais têm suas misturas características construídas de acordo com a história e a cultura daquele lugar.

Bons exemplos são os masalas das famílias indianas, o nosso tempero baiano, as misturas apimentadas do México, os temperos *cajun* e *creole* dos Estados Unidos, além das combinações marroquinas e do clássico *herbes de Provence.* Uma coisa é certa: a comida e seus temperos são capazes de despertar e construir muitas memórias afetivas que carregaremos conosco a vida inteira. Afinal, é ao redor da mesa que compartilhamos algumas de nossas melhores conversas, histórias e sentimentos. Cozinhar é uma alquimia que também se tempera com amor, afeto e boas energias.

Os temperos podem realçar gostos que sozinhos já seriam bons, mas também podem ser a alma de um preparo. Eles fazem parte da construção de sabores. Para realçar as características de uma especiaria, devemos colocá-la logo no início do preparo para que ela seja "acordada" com o calor do fogo. Quando queremos um sabor mais suave ou utilizamos ervas mais delicadas, deixamos para finalizar os pratos com elas. E daí vem outra pergunta muito importante: utilizar as especiarias em grãos ou em pó? Ervas secas ou frescas?

As especiarias em pó têm as mesmas características das sementes e dos grãos. A diferença é que os aromas podem volatilizar mais rápido quando já estão moídos e não marcarem uma presença tão intensa quanto aquela provocada pelos que são moídos na hora. Procure comprar os temperos moídos ou prepará-los em pequenas quantidades, assim você garante a estabilidade dos seus princípios ativos. Com as ervas não é diferente: as in natura têm maior valor nutricional e sabor mais fresco, porém são mais sensíveis e perenes quando compradas no supermercado, sem estar plantadas. As ervas secas duram mais, têm o sabor acentuado e aguentam temperaturas mais altas.

O melhor jeito de armazenar ervas secas e especiarias é em potes de vidro, bem fechados e protegidos da luz solar. As ervas frescas se conservam melhor com seus caules na água, dentro da geladeira.

LISTA DE INGREDIENTES E UTENSÍLIOS

Aqui vai uma lista com os ingredientes e utensílios que você vai encontrar pelo livro. Pode ser interessante você já os ter na despensa antes de começar a colocar a mão na massa.

Nenhuma receita tem regra: tudo pode ser mudado ou substituído. É claro que o sabor e a textura poderão ser alterados, mas isso não é um problema! Jamais deixe de fazer uma receita por falta de um ou outro ingrediente. Use e abuse da sua imaginação e do que tiver na despensa.

Ervas e especiarias secas

Alecrim
Alho em pó (p. 22)
Baunilha (p. 168)
Canela (p. 118)
Cardamomo (p. 55)
Coentro (p. 42)
Cominho em pó
Cravo (p. 111)
Cúrcuma (açafão-da-terra) (p. 236)
Gengibre (p. 243)
Hortelã
Louro
Manjericão
Orégano
Páprica doce defumada
Pimenta calabresa
Pimenta chipotle
Pimenta rosa
Pimenta-da-jamaica (p. 52)
Pimenta-de-caiena (p. 270)
Pimenta-do-reino
Salsinha

Sálvia
Sementes de coentro (p. 30)
Sumagre (p. 53)
Tomilho
Zimbro (p. 217)

Ingredientes mais usuais

Açúcar de coco (p. 210)
Aveia sem glúten
Azeite
Cacau (pp. 212, 227)
Castanha-de-caju crua e sem sal (p. 264)
Farinha de amêndoa
Flor de sal (p. 266)
Gergelim branco (p. 21)
Levedura nutricional (*nutritional yeast*) (p. 230)
Melado de cana
Missô (p. 222)
Mostarda (p. 274)
Óleo de coco
Semente de girassol sem casca
Shoyu (p. 221)
Tahine (p. 136)
Vinagre de maçã (p. 294)

Ingredientes não tão usuais

Água de rosas (p. 55)

Alga kombu

Azeite de dendê (p. 42)

Biribiri (p. 32)

Castanha de baru (p. 138)

Equinácea (p. 142)

Folha de arroz (p. 132)

Fumaça líquida (p. 162)

Funghi (p. 280)

Geleia de arroz (p. 265)

Maca peruana (p. 124)

Manteiga de cacau (p. 46)

Matchá (p. 116)

Monguba (p. 41)

Nirá

Óleo de coco sem sabor (p. 91)

Pinoli (p. 179)

Probióticos (p. 201)

Quinoa (p. 127)

Sal negro (p. 186)

"Shoyu" de coco (p. 280)

Tempeh (p. 228)

Tomate seco (p. 244)

Xarope de bordo (p. 97)

Utensílios

Afiador de facas (p. 174)

Aros de metal (p. 34)

Chapa (p. 165)

Grelha (p. 165)

Jogo de bowls

Jogo de facas (p. 174)

Liquidificador (p. 265)

Medidores de xícaras e colheres (p. 230)

Papel dover

Pincel (p. 180)

Processador de alimentos (p. 265)

Raladores de tamanhos diferentes (p. 42)

Saquinhos antiumidade (sílica) (p. 255)

Voal (p. 72)

ALMOÇO NA PRAIA

Sempre fui menina de praia, e a atmosfera que envolve a Bahia tem um chamado muito forte para mim.
Ô terrinha que inspira!

E é por isso que este livro começa "na praia". Afinal, foi no meu refúgio em um pequeno vilarejo no sul da Bahia chamado Curuípe que todas estas páginas foram escritas.

As mulheres baianas são pura inspiração para mim. Cozinheiras de mão-cheia, têm sempre um sorriso no rosto e algo para ensinar.

Claro que o masala para um almoço na praia tinha que ser inspirado nesse contexto e nessas lindas mulheres.

MASALA

TEMPERO BAIANO

A cozinha baiana tem uma grande influência das tradições e dos sabores africanos: o cardápio e os temperos refletem o sincretismo cultural caracterizado pelas festas dedicadas a santos e a orixás do candomblé.

Cominho, coentro e cúrcuma são a trindade dessa culinária que aposta nas receitas com coco, banana-da-terra, pescados e castanhas brasileiras. O coentro fresco também é parte determinante na personalidade dessa cozinha.

- 2 colheres (sopa) de semente de coentro em pó
- 2 colheres (sopa) de cominho em pó
- 3 colheres (sopa) de cúrcuma em pó
- 2 colheres (sopa) de orégano desidratado
- 1 colher (sobremesa) de salsa desidratada
- ½ colher (chá) de pimenta calabresa em flocos (ou outra pimenta seca)
- 1 colher (chá) de limão desidratado

Misture todos os ingredientes. Se preferir seu masala sem pedaços, coloque em um moedor de especiarias ou triture no liquidificador.

Passe por uma peneira fina ou um voal e guarde em um recipiente de vidro hermético por até 6 meses.

Sementes de coentro

As sementes de coentro têm um sabor completamente diferente do das folhas, que alguns amam e outros odeiam. Elas têm um sabor suave, levemente cítrico. Quando tostadas, ficam com os sabores mais intensificados e até caramelizados, perfeitas para usar em doces.

Nas misturas de temperos, são a base para a harmonia dos outros ingredientes. Entram nos tradicionais masalas, em receitas de curry e na composição de diversos *dry rubs*. A combinação com o cominho é uma das mais tradicionais.

Experimente usar o coentro com lentilha ou feijão, no faláfel, com palmito, em purês de batata e com cogumelos.

SHOT ALMOÇO NA PRAIA

REFRESCO DE KIWI E HORTELÃ

Rende: 1 porção grande ou 6 shots
Tempo de preparo: 5 minutos
Utensílio: liquidificador

Quando estou na praia e está calor, nada cai melhor do que um café da manhã líquido.

Essa combinação de kiwi e hortelã pode ser tomada como shot para ajudar na digestão e refrescar ou como suco verde para substituir o café da manhã e trazer saciedade!

O kiwi é antioxidante e ótimo para a imunidade. Já o melão traz saciedade e, por conter muitas fibras, ajuda no funcionamento do corpo e transforma os alimentos em energia, além de ter carotenoides que contribuem para manter o bronzeado. A hortelã entra para auxiliar na digestão e trazer frescor.

- 1 xícara (chá) de água de coco verde e doce
- 1 fatia pequena de melão cortada em pedaços médios
- 1 kiwi
- gotas de limão
- folhas de hortelã
- gotas de água de flor de laranjeira (opcional)

Bata bem todos os ingredientes no liquidificador. Acrescente mais água de coco se preferir um suco mais fino e algo para adoçar caso o coco não esteja tão doce.

Sirva bem gelado.

DICA
- Você pode tomar este suco no lugar de uma refeição. Para isso, adicione 1 scoop de proteína vegetal.

ALMOÇO NA PRAIA

CEVICHE DE COCO VERDE

Rende: 2 a 4 porções
Tempo de preparo: 20 minutos
Tempo de marinada: 2 a 6 horas

A textura do coco e a forma como você retirar a polpa vão fazer toda a diferença no resultado final desta receita. A carne não pode estar muito rala e aguada, nem tão grossa e dura.

1 ½ xícara de polpa de coco verde (aprox. 2 a 3 cocos)

3 colheres (sopa) de sumo coado de limão

¾ de xícara (chá) de sumo de laranja
ou tangerina coado (2 laranjas)

⅓ de xícara (chá) de azeite

1 a 2 colheres (sopa) rasas de cebola roxa finamente picada (ver ao lado)

1 ½ tomate sem semente (¼ de xícara) em pequenos cubos de 0,5 cm

¼ a ½ pimenta dedo-de-moça finamente picada, sem semente

3 colheres (sopa) de cebolinha-francesa
ou tradicional finamente picada

1 a 3 colheres (sopa) de salsinha finamente picada

1 a 2 colheres (chá) rasas de sal rosa
pitadas de sal de especiarias

1 colher (chá) de melado de cana

um punhado de coentro finamente picado (opcional)

¼ de pimentão vermelho ou amarelo, em pequenos cubos de 1 cm, sem semente (opcional)

1 biribiri fatiado em rodelas finas (opcional)

Tire a polpa do coco verde com uma colher. Faça com delicadeza, tirando aos poucos e obtendo pedaços rústicos. Se ela estiver mais grossa, tire em camadas — pegue uma colher pequena e delicada e vá tirando camadas mais finas —, assim o sabor incorpora melhor e a textura fica mais interessante. (Atente para não pegar a parte da casca, pois ela pode amargar sua preparação.)

Misture todos os ingredientes e deixe descansar por pelo menos 1 hora na geladeira. Ajuste o sal e os temperos.

Sirva com chips de raízes, biju de tapioca ou torradinhas.

Coco

Na minha opinião, um dos alimentos mais perfeitos que existem.

Além de extremamente saboroso e nutritivo, pode ser utilizado por inteiro, e isso é o que mais me encanta. Água, polpa, óleo, manteiga, leite, açúcar, melado... e por aí vai!

Biribiri

O biribiri — também conhecido como bilimbi, azedinha ou limão japonês — é uma fruta tropical muito comum no sul da Bahia. Sua textura é semelhante à da carambola, seu formato lembra uma pimenta e o sabor é de um azedinho que dá todo um charme a qualquer prato. Ele pode ser utilizado em compotas, geleias e caipirinhas ou para dar o toque final em preparações como moquecas, saladas e ceviches.

DICA
• Vá à feira livre ou a algum vendedor de coco e encomende polpas de coco. Muitas vezes elas são descartadas.

SUBSTITUIÇÕES
• Use o fundo de uma alcachofra, banana-da-terra ou pupunha fresca no lugar do coco. Se optar pela pupunha, cozinhe no vapor até amolecer.

COMO SUAVIZAR O SABOR E A ACIDEZ DA CEBOLA
Muitas pessoas têm dificuldade em digerir a cebola crua. Eu sou uma delas, e fujo de pratos com ela quando estou fora de casa! Mas existem maneiras de aproveitar todo o sabor e a textura que uma cebola crua tem de forma mais suave e crocante.

Água gelada
Corte a cebola no formato desejado e cubra com água gelada. Para a acidez diminuir, é necessário trocar a água pelo menos 1 vez. Deixe por 30 minutos ou até 1 hora, trocando a água de 1 a 3 vezes.

Limão ou vinagre
Corte a cebola no formato desejado e coloque de molho em água fria e sumo de limão ou vinagre. Deixe por 5 minutos, escorra e passe na água.

Sal
Coloque a cebola cortada ou inteira (descascada) em uma vasilha com água fria e 1 a 2 colheres (sopa) de sal. Deixe por 5 a 10 minutos e escorra. Isso tornará o cheiro e o sabor menos fortes e ainda diminui o lacrimejamento na hora de cortar.

ALMOÇO NA PRAIA

TARTAR DE BANANA E CARAMBOLA

Rende: 2 a 4 porções
Tempo de preparo: 15 minutos
Utensílio: 1 aro de metal de 10 cm
   ou individual de 5 cm

Falar de comida é sempre a minha praia. Papo vai, papo vem, mal conheço a pessoa e já quero saber qual é seu prato preferido e o que ela almoçou ontem.

Entre esses papos gostosos, durante uma tarde especial na fazenda da Beca, seu filho, Fábio, que é cozinheiro de mão-cheia, começou a me contar as delícias veggies que ele sabia preparar, e este tartar chamou minha atenção: simples, surpreendente e maravilhoso!

   2 bananas-nanicas firmes em pequenos
      cubos de 2 cm (1 ½ xícara)
   ½ carambola em pequenos cubos de 1 cm
      (⅓ de xícara)
   1 colher (sopa) de pimenta dedo-de-moça
      sem semente em pequenos cubos
   3 colheres (sopa) de cebolinha-francesa
      finamente picada
   3 colheres (sopa) de azeite
   ½ colher (sopa) de sumo coado de limão
   ½ colher (chá) de sal rosa

Prepare todos os ingredientes e deixe para cortar a banana apenas no final. Incorpore-os bem e mexa com delicadeza.

Modele em um aro de metal e sirva imediatamente ou deixe em um recipiente fechado na geladeira até a hora de servir.

SUBSTITUIÇÕES
• Troque a carambola por outra fruta tenra e levemente ácida. Adicione as ervas frescas de que mais gostar.

Aros de metal
Eles são ótimos para preparar terrines ou pratos que precisam de altura e também ajudam na hora de modelar hambúrgueres e queijos. Há de diversos formatos e tamanhos, mas os quadrados e redondos são os mais indicados.

Cebolinha
Ela faz par com a salsa na composição do cheiro-verde usado no Brasil inteiro, mas também brilha sozinha. Como é sensível ao calor e seu sabor consegue trazer bastante frescor ao prato, deve ser utilizada para finalizar os preparos. Parece que tudo fica mais bonito com um punhado de cebolinha por cima. A variedade mais fina é conhecida como cebolinha-francesa.

Na Alemanha, come-se o *Schnittlauchbrot*, que nada mais é do que uma fatia fina de pão rústico e de fermentação longa, com uma boa manteiga e muita cebolinha cortada bem fininha. A cebolinha é espalhada em um tabuleiro e o pão é pressionado em cima dela.

ALMOÇO NA PRAIA

SOPA FRIA DE PUPUNHA

Rende: 2 porções grandes ou 6 pequenas
Tempo de preparo: 15 minutos
Tempo de forno: 2 horas
Utensílios: 2 assadeiras e liquidificador

Muitas vezes temos a mania de achar que a grama do vizinho é mais verde e que fora do Brasil encontraremos lugares mais bonitos e aconchegantes, mas descobri, com o tempo, que isso é papo-furado.

A pousada UXUA é prova disso e, sem dúvida, das mais "luxuosas" que já vivi.

Para mim, luxo é o rústico simples e de muito bom gosto, é valorizar o local, é ver sorriso para todos os lados, é escutar uma música gostosa e baixinha para conseguir ouvir o canto dos passarinhos ao fundo, é se sentir em casa e falar a sua língua. Nossa, quanto luxo em um lugar só!

Foi durante o Organic Festival, em Trancoso, que uma singela sopa fria de pupunha ganhou meu coração. A Ju Pedrosa, chef do UXUA, conseguiu transformar essa combinação de poucos ingredientes em uma magnífica preparação cremosa, sutil e aconchegante.

300 gramas de palmito pupunha fresco
⅓ de xícara (chá) de azeite extravirgem
600 ml de caldo de legumes
ou sal de especiarias (p. 18) diluído em água
2 a 3 colheres (sopa) de missô de grão-de-bico (p. 222)
1 colher (chá) rasa de pimenta-do-reino moída na hora
sumo coado de 1 limão
1 pitada de sal rosa

Tempere o palmito com azeite e sal. Pique em pedaços pequenos, envolva-os em papel-manteiga, disponha em uma assadeira e tampe com outra assadeira para ajudar a preservar o calor dentro da fôrma.

Asse no forno a 190°C por 2 horas. Para deixar o palmito mais macio, coloque dentro do forno uma assadeira alta com água, para fazer as vezes de um forno a vapor. Deixe até que o palmito esteja bem macio. Se preferir, cozinhe no vapor, porém o sabor perderá um pouco da personalidade.

Prepare um caldo de legumes bem saboroso (se não tiver legumes para o caldo, utilize o sal de especiarias diluído nos 600 ml de água. Se for esse o caso, coloque o sal rosa apenas no final e aos poucos).

Bata metade do palmito com o caldo. Depois que ele já estiver bem aveludado, acrescente o restante. Misture o missô, o azeite e a pimenta-do-reino moída na hora e bata mais um pouco para incorporar bem.

Deixe na geladeira até que fique bem frio, depois acrescente o sumo do limão e corrija o sal, caso necessário.

Sirva em cumbucas e finalize com ervas frescas e flores.

DICA
• Se optar por esta sopa para uma refeição com menos preparações, complemente-a finalizando com um pouco de ragu de cogumelos (p. 224).

MOLHO DE MARACUJÁ

Rende: 1 xícara
Tempo de preparo: 5 minutos
Utensílio: liquidificador

Para mim, salada é bom de qualquer jeito. Mas é claro que um bom molho pode transformar o simples em uma experiência deliciosa!

- 1 maracujá (½ xícara da polpa)
- 1 a 2 colheres (sopa) de melado de cana, xarope de bordo ou outro adoçante natural
- 2 colheres (sopa) de vinagre de maçã
- sumo coado de 1 laranja
- 4 colheres (sopa) de azeite
- 1 colher (chá) de sal rosa
- 1 colher (café) de alho em pó

Bata todos os ingredientes e coe. Sirva gelado.

DICA
- Incorpore todos os ingredientes sem bater e leve ao fogo para reduzir. O resultado será um molho para usar em legumes e tapiocas ou para dar um toque especial em um simples tofu.

SUBSTITUIÇÃO
- Troque o maracujá por manga ou frutas vermelhas e ajuste os líquidos e temperos.

ALMOÇO NA PRAIA

SALADA DE FLORES E FOLHAS DA ESTAÇÃO

Rende: 4 porções
Tempo de preparo: 5 minutos

Meu marido sempre amou alface cortada em tiras bem finas, e eu achava aquilo meio esquisito, pois, para mim, era corte de couve! Mas um dia resolvi provar. E não é que fica bom mesmo?

Esta é uma salada simples, colorida e perfeita para acompanhar com leveza um almoço ensolarado na praia.

> 1 maço grande de alface-crespa ou americana
> flores comestíveis (minhas preferidas são borboletinha, capuchinha, cravina e flor de abóbora)
> sal de especiarias
> pimenta-do-reino moída na hora

Coloque as folhas de alface uma sobre a outra e enrole com bastante firmeza, de ponta a ponta. Sobre uma tábua de madeira, corte em tiras bem finas.

Distribua as folhas sobre um prato amplo, capriche nas flores comestíveis, finalize com pitadas de sal de especiarias e pimenta-do-reino.

Sirva com o molho de maracujá (ver ao lado).

ALMOÇO NA PRAIA

MOQUECA DE COGUMELOS

Rende: 4 porções
Tempo de preparo: 1 hora
Utensílios: panela de barro (opcional)
e liquidificador

De origem indígena, a moqueca era preparada em panela de barro. Diferentes influências culinárias adicionaram ingredientes como cebola, coentro e dendê.

Aqui está uma moqueca vegana para você se deliciar!

500 g de cogumelos variados frescos (sugiro shitake e portobello)
⅓ de xícara (chá) de azeite
1 xícara (chá) de castanha de monguba
ou ½ xícara (chá) de castanha-de-caju crua e sem sal
3 colheres (sopa) de azeite de dendê ou óleo de coco
2 cebolas cortadas finamente em meia-lua
1 pimentão vermelho sem semente
2 pimentas-de-cheiro em pequenos cubos
ou ½ pimenta dedo-de-moça sem semente
3 dentes de alho
2 xícaras (chá) de molho de tomate com pedaços feito em casa (p. 176)
2 xícaras (chá) de leite de coco

Para dar mais sabor

2 colheres (chá) de sal rosa
1 colher (sopa) de melado de cana
½ a 1 colher (sopa) de tempero baiano (p. 30)
ou 2 colheres (chá) de cúrcuma + 1 colher (chá) de cominho em pó + 2 colheres (chá) de orégano
1 colher (sopa) de sumo coado de limão

Para trazer cremosidade

1 xícara (chá) de abóbora-japonesa cozida
2 xícaras (chá) de água
1 colher (sopa) de gengibre ralado
1 colher (chá) de sal rosa

Para finalizar

¼ de xícara (chá) de cebolinha finamente picada
¼ de xícara (chá) de salsinha picada
um punhado de coentro (opcional)
1 colher (sopa) de azeite de dendê
raspas de limão
pimenta-de-cheiro

Pique os cogumelos em tamanhos variados: deixe inteiros os shitakes pequenos, corte ao meio os maiores e fatie em 4 os portobellos. Aqueça uma frigideira em fogo alto, coloque 1 dente de alho finamente picado e deixe dourar. Sele os cogumelos, adicione 1 pitada de sal e espere até dourarem bem. Reserve.

Cozinhe a castanha por 20 minutos — se optar pela monguba, tire a semente — e reserve.

Bata a abóbora com o gengibre, o sal e a água até obter um creme bem ralo. Reserve.

Aqueça o dendê ou o óleo de coco e adicione o restante do alho. Quando dourar bem, acrescente a cebola, a pimenta-de-cheiro (reserve um pouco para finalizar), alguns temperos, como o tempero baiano (ou a mistura de cúrcuma, cominho e orégano), 1 colher (chá) de sal rosa e o melado de cana e refogue por pelo menos 10 minutos, até começar a caramelizar.

Acrescente as castanhas e o pimentão e refogue por 5 minutos. Junte os cogumelos e metade do leite de coco. Depois que reduzir um pouco, coloque o molho de tomate e o purê de abóbora.

Tampe a panela e deixe cozinhar em fogo baixo por pelo menos 20 minutos, para incorporar bem o sabor. Acrescente um pouco de água se necessário. Adicione o leite de coco restante e ajuste os temperos.

Desligue o fogo e incorpore as ervas frescas, reservando um pouco para salpicar. Finalize com um fio de dendê, as raspas de limão e o restante da pimenta-de-cheiro.

DICAS

• Toste o pimentão na boca do fogo e depois tire os queimadinhos para torná-lo mais digerível.

• Brinque com os ingredientes e faça uma moqueca mais variada, adicionando pupunha fresca, banana-da-terra ou fundo de alcachofra.

• Cozinhe a moqueca em uma panela de barro, pois ela mantém o calor e pode ser levada à mesa.

SUBSTITUIÇÕES

• Faça o creme com mandioca ou fruta-pão e uma pitadinha a mais de cúrcuma para colorir.

Monguba

Também conhecida como castanhola, castanha-do-maranhão ou cacau-selvagem, é nativa da América Central e do Sul. Ainda pouco conhecida, ela é popular na região amazônica e adora um clima tropical. Tive a sorte de ser presenteada por uma querida amiga com esse fruto dos deuses durante a quarentena na Bahia.

Suas castanhas podem ser consumidas cruas, cozidas ou assadas. Ela é uma base neutra e perfeita para preparar doces, cremes, homus (p. 64), coalhada (p. 60) ou para comer refogadinha com azeite e shoyu! Além do sabor delicioso, ela possui propriedades terapêuticas e tem uma quantidade significativa de proteínas.

Com casca grossa, ela mesma vai te mostrar quando está no ponto: assim que começar a se abrir, com grandes rachaduras aparecendo na casca, é porque está na hora de consumi-la.

Azeite de dendê

Vejo muitas pessoas com receio de consumir o dendê, pois o associam a uma comida pesada e nada saudável. No entanto, ele é rico em vitaminas E, A e betacaroteno, que são antioxidantes e fazem bem para a visão. O dendê é uma gordura muito gostosa, e ninguém precisa ter medo dela.

O azeite do fruto do dendezeiro é uma rica herança africana. Ingrediente ícone da culinária baiana, ele é avermelhado, adocicado, intenso, capaz de tirar você da mesmice e trazer mais sabor e nutrição para seu dia a dia.

As receitas clássicas que levam esse ingrediente são moqueca, acarajé, vatapá, abará, casquinha de siri, bobó e farofas, mas ele também combina muito bem com refogados simples e receitas com banana.

Coentro

Ame ou odeie. Costuma ser assim quando a gente fala a palavrinha "coentro".

Aromático, com sabor um tanto picante e ardente, é tempero indispensável, principalmente nas regiões Norte e Nordeste, entrando como ingrediente no preparo de quase todos os pratos. Gosto de usar no feijão, na moqueca, em pratos com abóbora e também no guacamole.

O coentro combina bem com limão, gengibre e cebolinha. Experimente usar os três juntos — garanto que fica muito bom.

Fato interessante sobre essa erva polêmica: é utilizada com fins culinários e medicinais há mais de 3 mil anos, sendo mencionada em textos em sânscrito e nos papiros egípcios!

Raladores

Existem vários tamanhos diferentes de ralador, e cada um tem uma função diferente.

Ralador de cítricos

Um ralador mais delicado, que serve para obter raspas de limão, por exemplo, evitando adicionar a parte branca, que é amarga. Além disso, ele também é prático por ter um compartimento que armazena o alimento.

Tradicional

Possui três faces: rala, fina e grossa. Para o dia a dia, esse ralador é o mais prático, pois concentra o alimento no centro.

Reto

Ideal para fazer sucos, pois dispensa os alimentos só para um lado.

Pequeno

Prático para levar a outros lugares. A dica é ter mais de um desse tamanho — eu tenho um apenas para alho —, e é interessante separar um para as receitas doces, assim os sabores não se misturam.

ALMOÇO NA PRAIA

PUDIM SALGADO DE ARROZ

Rende: 4 a 8 porções
Tempo de preparo: 30 minutos
Tempo de descanso: 30 minutos
Utensílios: liquidificador e fôrma para pudim de 20 cm × 8 cm de diâmetro

Achei este tal de pudim de arroz formidável desde a primeira vez que ouvi histórias sobre as delícias que a Maúcha preparava. Ela já falava em alimentação natural antes de eu me conhecer por gente, e no início da década de 1990 escreveu um livro de receitas vegetarianas e saudáveis chamado *Nova cozinha natural fácil e gostosa*, que tive a sorte de conseguir garimpar on-line.

Depois de tanto ouvir falar dessa cozinheira de mão-cheia, foi nas areias da praia do Espelho que batemos nosso primeiro papo. Que sorte a minha que nosso santo bateu! Maúcha se tornou uma amiga querida, e sempre que nos encontramos aprendo algo novo.

Esta receita, que nasceu do acaçá, prato típico baiano, antigamente era feita com farinha de arroz, ia para panela com leite de coco e era aquecida até chegar ao ponto de mingau. Existiu um período em que a farinha de arroz ficou escassa, e assim nasceu a versão com arroz, que eu particularmente acho mais interessante.

Esta preparação cai bem acompanhando receitas "ensopadas", como bobó e moqueca. Ela pode ser servida inteira, no formato de pudim, ou em porções individuais. Maúcha aprendeu com a avó do João, seu marido, que costumava dispor o ensopado em um prato fundo e finalizar com uma generosa fatia de pudim.

1 ½ xícara (chá) de arroz branco
5 xícaras (chá) de água
1 colher (chá) cheia de sal rosa
400 ml de leite de coco ou outro leite vegetal

Cozinhe o arroz com a água e 1 colher de chá de sal rosa, deixando a panela tampada e em fogo baixo. O ponto certo é quando secar e ficar com uma textura bem empapada.

Coloque o leite de coco e metade do arroz no liquidificador e bata até ficar liso e homogêneo. Adicione o restante do arroz e bata mais um pouco, até incorporar bem. Ajuste o sal.

Unte com azeite uma fôrma com furo no meio e despeje o creme de arroz. Deixe esfriar e sirva em temperatura ambiente.

ALMOÇO NA PRAIA

FAROFA AMMA

Rende: 4 a 6 porções
Tempo de preparo: 20 a 30 minutos

Esta receita foi inspirada no Diego, grande amigo baiano e cozinheiro de mão-cheia que ganhou meu coração na primeira garfada.

Para as farinhas
½ xícara (chá) de farinha de coco
1 xícara (chá) de farinha de mandioca torrada
1 colher (chá) de sal rosa

Para o refogado
3 colheres (sopa) de manteiga de cacau
1 cebola grande cortada em finas tiras ou cubos pequenos
½ cenoura ralada
2 colheres (chá) de orégano
1 colher (chá) de páprica
1 colher (sopa) bem cheia de açúcar de coco

Para finalizar
1 colher (chá) de sal rosa
3 colheres (sopa) de cebolinha-francesa
pimenta-do-reino moída na hora

Opcional
½ xícara (chá) de uvas-passas brancas
½ xícara (chá) de castanhas torradas

Numa panela, refogue na manteiga de cacau a cebola, o orégano, a páprica e o sal por 5 a 10 minutos.

Adicione a cenoura ralada e deixe apurar por mais 2 a 3 minutos. Acrescente as farinhas, o açúcar de coco e o sal e deixe ncorporar bem.

Finalize com as ervas, as castanhas e as uvas-passas. Ajuste os temperos e mexa mais um pouquinho.

DICAS
• Acrescente nibs de cacau para dar textura e trazer novos sabores.

• Finalize com um pouco de suco de tomate (ainda na frigideira) para deixá-la mais molhadinha.

SUBSTITUIÇÕES
• Brinque com as frutas secas, oleaginosas e sementes, utilizando as que tiver em casa.

Manteiga de cacau
A manteiga de cacau é muito mais que um hidratante labial. Gordura boa, fica maravilhosa tanto em receitas doces como em salgadas. Em geral é utilizada na composição do chocolate em barra, mas também pode ser uma ótima opção para substituir a manteiga de origem animal. Funciona bem em receitas doces, como bolos, muffins e cookies, e também para refogar legumes, cogumelos, recheios de tortas, e por aí vai.

Outro ponto interessante é que ela se solidifica quando resfriada e aguenta uma temperatura mais alta do que o óleo de coco, sendo uma ótima alternativa para dar estrutura a receitas como manteigas e tortas doces.

Além disso, ela fortalece o sistema imunológico, promove o equilíbrio hormonal e melhora o humor por aumentar os níveis de endorfina e serotonina!

ALMOÇO NA PRAIA

SORVETE DE CARAMELO SALGADO

Este sorvete foi paixão à primeira colherada. Em uma das tardes gostosas na minha pousada preferida, eis que me deparo com essa invenção do chef Érico Dias, que atualmente comanda a cozinha da UXUA, em Trancoso, Bahia.

Rende: 8 bolas
Tempo de preparo: 15 minutos
Tempo de refrigeração: 16 horas
Utensílio: panela alta

1 litro de leite de coco firme
1 ½ xícara (chá) de açúcar demerara orgânico
1 colher (chá) de sal rosa
2 a 3 colheres (sopa) de conhaque

Para finalizar:
Flor de sal

Aqueça o leite de coco em fogo baixo; ele deve ser muito firme para dar textura de sorvete. Se for preparar em casa, fique atento para a proporção de água, que deve ser bem pouca.

Coloque o açúcar no liquidificador e bata até pulverizar, peneire e coloque em uma panela alta no fogo bem baixo e deixe derreter. Importante não utilizar colher ou outro utensílio. Lentamente mexa a panela para que o açúcar derreta totalmente formando o caramelo bem devagar — isso deve demorar em torno de 10 minutos.

Quando o caramelo estiver pronto, acrescente o conhaque aos poucos. Em seguida, junte o leite de coco aquecido, também aos poucos e mexendo sempre, para evitar que a mistura suba muito e derrame.

Deixe ferver por aproximadamente 3 minutos para o caramelo se dissolver e o leite reduzir um pouco. Acrescente o sal e deixe esfriar.

DICA
• A textura do leite interfere bastante no resultado final. Ele fica melhor com leite de coco comprado pronto em garrafinha. Escolha uma marca sem conservantes.

Açúcar pulverizado
Açúcar pulverizado nada mais é do que bater no liquidificador o açúcar de coco ou qualquer outro açúcar mais bruto, como o mascavo ou demerara.

Isso o deixa com uma textura mais semelhante à do açúcar de confeiteiro e faz com que seja incorporado melhor às suas preparações. Assim, é possível usar uma quantidade menor de açúcar e dar uma textura mais aveludada aos seus pratos.

BANQUETE ÁRABE

Como boa descendente de família libanesa, desde pequena fui acostumada a comer pratos da culinária árabe. Os almoços aos domingos na casa da vovó Onélia e do vovô Wadih eram sempre regados a muitas delícias dessa cozinha tão rica. Era um momento de juntar a família em volta da mesa e se deliciar em um universo de sabores.

Meus avós se foram, mas sem dúvida foram eles que me inspiraram nessas preparações.

Como a comida árabe é intensa e muitos dos pratos levam proteína animal, transformar essas lembranças em preparações leves e veganas foi um dos meus primeiros desafios.

Neste capítulo, vou ensinar meus pratos preferidos, que podem ser feitos separados, para complementar uma refeição do dia a dia, mas também podem se tornar um banquete temático.

Para tornar o cardápio mais prático e acessível, sempre tento adaptar as preparações e incluir ingredientes fáceis de encontrar. Por exemplo: sugeri que o charutinho seja feito com acelga, mas o tradicional, enrolado em folhas de uva, também é maravilhoso. Já o quibe assado vira um maravilhoso quibe cru apenas adicionando alguns temperinhos e deixando de levar ao forno.

Para acompanhar, as tradicionais pastinhas foram repaginadas: a coalhada é feita de castanhas, o babaganush leva um ingrediente especial e o homus ganha novas bases!

Para fechar com chave de ouro, uma maravilhosa torta feita de pistache, tâmaras e tahine!

Bom apetite e viva as memórias afetivas!

MASALA

PIMENTA SÍRIA

Perfumada e levemente adocicada, a pimenta síria é indispensável nos pratos dessa cozinha. Lembra a mistura de pimenta-do-reino, canela, cravo e noz-moscada.

>   3 colheres (sopa) de canela
>   1 colher (sopa) de cravo
>   2 colheres (chá) de noz-moscada
>   2 colheres (sopa) de pimenta-da-jamaica

Em um pilão, moedor de especiarias ou liquidificador, triture as especiarias até obter um pó fino.
Passe por uma peneira fina ou um voal e armazene em um recipiente de vidro bem fechado por até 6 meses.

Pimenta-da-jamaica
É conhecida também como *allspice* ou *quatre épices*. É o principal ingrediente do bahar, a pimenta síria, e é presença obrigatória nos pratos da culinária árabe.
Vai bem em marinadas, molhos brancos e maioneses. Combina com mostarda e com páprica doce defumada. É uma pimenta suave, que também combina com doces. Sobremesas com banana e chocolate ganham um sabor mais acentuado com essa especiaria. Use também com legumes, como abóbora e cenoura. Nos Estados Unidos, faz parte da composição do *pumpkin pie spices*, o tempero da tradicional torta de abóbora servida no Dia de Ação de Graças.

ZAATAR

Za'atar, zátar ou zaatar é uma mistura de especiarias originária do Oriente Médio muito marcante na culinária árabe. O termo "za'atar" provém da palavra árabe para a erva usada como principal ingrediente, a manjerona, e tradicionalmente também leva tomilho, orégano, sumagre e gergelim tostado. E, assim como outras misturas, pode sofrer variações regionais: o zaatar libanês, por exemplo, pode incluir raspas de laranja secas, e o zaatar israelense geralmente inclui endro. É muito utilizado com azeite para aromatizar esfihas, pão pita, coalhada e chancliche.

2 colheres (sopa) de manjerona
2 colheres (sopa) de tomilho
2 colheres (sopa) de orégano
½ a 1 colher (sopa) de sumagre
5 colheres (sopa) de gergelim branco tostado
½ colher (café) de sal

Torre as sementes de gergelim até ficarem douradas e aromáticas. Deixe esfriar em um recipiente frio.
Misture os ingredientes, com exceção do gergelim, e bata em um moedor de especiarias ou em um liquidificador até que as ervas virem pó. Passe por uma peneira se necessário. Adicione o gergelim já torrado e frio e guarde em local fresco e ao abrigo da luz por até 6 meses.

SUBSTITUIÇÃO
- O sumagre ou sumac pode ser substituído por raspas de limão desidratadas no forno.

Sumagre
Para nós é um ingrediente exótico, mas é muito utilizado no Oriente Médio. O sumac (ou sumagre) é uma especiaria de sabor ácido, puxado para o cítrico, que lembra uma mistura de páprica com limão. Pode ser misturado com azeite para acompanhar o pão sírio e é um dos ingredientes do zaatar.

MELADO DE TÂMARA

Rende: 2 xícaras (chá)
Tempo de preparo: 10 minutos
Utensílios: processador de alimentos ou liquidificador

Este melado dá vitalidade a qualquer prato e pode ser usado no lugar do açúcar em bolos, cremes, tortas e geleias.

Adoro misturar os sabores; então uma colherada do melado de tâmara em preparações não tão óbvias, como kafta ou homus de beterraba, vai dar um toque todo especial. E adicionar uma pitadinha de especiarias ao melado vai deixá-lo ainda mais saboroso.

2 xícaras (chá) de tâmaras medjool
½ a 1 xícara (chá) de água (aprox.)
½ colher (café) de sal rosa

Opcionais para abrir o sabor
1 colher (chá) de vinagre de maçã
½ colher (sopa) de manteiga vegana ou azeite
1 pitada de pimenta-de-caiena

Tire os caroços e hidrate as tâmaras em água fervente por 30 minutos (apenas com o suficiente para cobri-las). Coloque no liquidificador ou num processador de alimentos metade das tâmaras com a água usada na hidratação. Se necessário, complete com mais um pouco de líquido, totalizando ⅔ de xícara (chá). Bata-as com os demais ingredientes até obter um creme homogêneo, então adicione o restante das tâmaras e liquidifique até que tudo fique com a mesma textura lisa.

SUBSTITUIÇÕES
• Damasco e ameixa são ótimas opções para preparar esse melado.

DICA
• A quantidade de água pode variar de acordo com a textura desejada. Para uma textura de pasta, mais firme, utilize menos água. Se desejar uma textura mais líquida, adicione um pouco mais.

SHOT DE MANGA COM ÁGUA DE ROSAS

Rende: 4 shots
Tempo de preparo: 10 minutos
Tempo de geladeira: 4 horas
Utensílios: liquidificador e peneira ou voal

Este shot de manga com água de rosas é uma bebida muito gostosa e refrescante. O ideal é que seja feita com a manga bem madura, para obter uma bebida naturalmente doce e bem cremosa. O sabor exótico da água de rosas é misturado com 1 pitada generosa de cardamomo, que deixa esta preparação exótica e deliciosa!

- ½ xícara (chá) de manga bem madura cortada em cubos
- ¾ a 1 xícara (chá) de leite de coco ou outro leite vegetal
- 1 a 2 colheres (sopa) de sumo coado de limão-siciliano
- 1 colher (café) de água de rosas
- 1 fava de cardamomo sem a casca ou 1 pitada de cardamomo em pó
- 1 pitada de sal
- melado de tâmara (ver ao lado), açúcar de coco ou outro adoçante natural de sua preferência (opcional)

Bata todos os ingredientes no liquidificador, coe e leve para gelar por pelo menos 4 horas antes de servir.

DICA
- Faça um sorvete refrescante batendo esta mesma mistura com 2 bananas-nanicas maduras e congeladas. Volte para o congelador para firmar.

Água de rosas
A água de rosas é um elemento aromático poderoso. Com algumas poucas gotas você terá notas florais, delicadas e especiais.

Cardamomo
Nativo do sul da Índia, é conhecido como o rei das especiarias. Seu sabor e seu aroma são, de fato, inconfundíveis. Combina deliciosamente com frutas cítricas, e misturar um pouco de suas sementes moídas ao pó de café garante uma bebida de sabor marcante e exótico.

BANQUETE ÁRABE

RICOTA DE AMÊNDOA COM ERVAS

Rende: 300 g
Tempo de preparo: 10 minutos
Utensílio: processador de alimentos

Esta receita é curinga e cai muito bem em qualquer preparação que leve a ricota tradicional. Gosto dela no café da manhã, para passar no pão ou na tapioca, em formato de bolinha para comer com um fio de azeite ou para rechear quibes, lasanhas e esfihas.

250 g de tofu firme e orgânico
50 g de farinha de amêndoa
4 colheres (sopa) de azeite
2 colheres (sopa) de *nutritional yeast*
ou tahine suave
1 a 2 colheres (sopa) de missô claro orgânico
½ dente de alho ralado
ou 1 colher (sopa) de pasta de alho (p. 22)
1 colher (sopa) de ervas secas (sugestão: manjericão e orégano em partes iguais)
pitadas de sal rosa a gosto

Escorra o tofu e drene com um pano de prato até retirar toda a água. Esse processo é muito importante e é o que confere a textura mais firme da ricota.

Leve a farinha de amêndoa em uma frigideira ao fogo médio-baixo até dourar e ficar aromatizada.

Bata a farinha ainda quente com os demais ingredientes até obter um creme homogêneo.

DICAS

• A farinha de amêndoa pode ser substituída por mais tofu ou por farinha de outra oleaginosa, como castanha-do--pará ou de caju.

• Tanto o missô quanto a levedura nutricional são ingredientes bem importantes, pois conferem um gostinho especial de "queijo". Podem ser substituídos por temperinhos e pitadinhas de amor.

• Se não utilizar o missô, coloque 1 colher (chá) rasa de sal + 1 pitada generosa de sal de especiarias, pois é o missô que faz as vezes do sal nesta receita.

• A levedura nutricional pode ser substituída por um tahine claro e bem suave.

• As especiarias e os masalas são muito bem-vindos nesta preparação. Curry (p. 236), lemon pepper (p. 94) e zaatar (p. 53) são algumas das que você vai aprender por aqui e que podem deixá-la menos neutra, porém cheia de sabor.

BANQUETE ÁRABE

ESFIHA

Rende: 12 esfihas pequenas
Tempo de preparo: 20 minutos
Tempo de descanso: 30 minutos
Tempo de forno: 30 minutos
Utensílios: papel dover ou manteiga ou folha
de silicone e assadeira média

Para a massa
200 g de inhame ou mandioquinha
(¾ de xícara de purê firme)
4 colheres (sopa) de farinha de arroz branco
2 colheres (sopa) de farinha de amêndoa
levemente torrada
1 colher (sopa) de fubá fino orgânico
1 colher (sopa) de polvilho doce
⅔ de colher (chá) de sal rosa
⅔ de colher (chá) de sal de especiarias
2 ½ colheres (sopa) de azeite
½ colher (sopa) de açúcar orgânico
½ colher (chá) de vinagre de maçã
1 colher (café) de bicarbonato ou fermento
(p. 112)

Descasque o inhame ou a mandioquinha e corte em cubos pequenos. Cozinhe no vapor brevemente, apenas o suficiente para conseguir transpassar com um garfo de ponta a ponta, porém com certa resistência. (Assim o purê ficará com textura firme, macia, e você não precisará usar muita farinha.)

Bata o inhame ainda quente com azeite e sal até obter um purê firme e homogêneo e deixe esfriar bem.

Depois de totalmente frio, incorpore os demais ingredientes e acerte os temperos. Se a massa tiver cozinhado demais, leve-a rapidamente ao fogo baixo e mexa até reduzir um pouco ou secar. Se preferir, pode dar o ponto com mais farinha, mas isso a deixará mais dura.

A massa deve desgrudar das mãos, mas não pode ficar muito seca.

Faça bolinhas de aproximadamente 20 g a 30 g e leve-as para gelar por pelo menos 30 minutos para firmar.

Preaqueça o forno a 180ºC.

Forre a assadeira com uma folha de silicone, papel dover ou papel-manteiga. Se optar pelo papel-manteiga, unte-o com azeite para não correr o risco de grudar.

Separe um pouco de azeite em um potinho para ajudar a modelar a esfiha. A massa é bem molinha, para que a textura seja bem macia. Disponha as bolinhas sobre o papel e modele as esfihas, amassando o centro delas e deixando as bordas mais altas. Acrescente o recheio desejado e pincele as bordas com azeite.

Leve para assar por 8 a 10 minutos.

SUGESTÕES DE RECHEIO

"Ricota" com ervas
¼ de porção da ricota de amêndoa
com ervas (p. 56)
1 a 2 colheres (sopa) de cebolinha-francesa
finamente picada

Incorpore todos os ingredientes. Ajuste os temperos.

Azeite com zaatar
Este azeite vai bem com tudo!

1 a 2 colheres (sopa) de zaatar
⅓ de xícara (chá) de azeite de boa qualidade
½ colher (café) de sal rosa
pimenta-do-reino moída na hora (opcional)

Incorpore todos os ingredientes. Ajuste os temperos.

BANQUETE ÁRABE

COALHADA DE CASTANHA

Rende: 3 xícaras (chá)
Tempo de molho: 8 horas
Tempo de preparo: 15 minutos
Utensílio: liquidificador

Na minha opinião, para uma refeição à moda árabe ser completa, o azedinho da coalhada sem dúvida deve estar presente.

Mais uma vez, sugiro que você resgate suas memórias afetivas e coloque sua essência na receita. Gosta da coalhada mais seca ou prefere a versão mais líquida? Mais azeda ou mais neutra? Aqui sugiro algumas quantidades, mas coloque o sal e o limão aos poucos para dosar de acordo com seu paladar!

• Mais seca? Use a quantidade sugerida de água e opte por um liquidificador com socador.

• Mais molinha? Adicione mais água ou sumo de limão, lembrando que mais líquido pede mais tempero!

• Aproveite e veja na p. 264 o passo a passo e as melhores dicas na hora de preparar receitas aveludadas com castanhas.

3 xícaras (chá) de castanha-de-caju crua e sem sal já hidratada (p. 264)
¼ a ½ xícara (chá) de sumo coado de limão
⅔ a 1 xícara (chá) de água quente
¼ de dente de alho ralado sem miolo
ou 1 colher (sopa) de pasta de alho (p. 22)
4 colheres (sopa) de azeite
2 colheres (chá) de vinagre de maçã
2 colheres (chá) de sal ou mais

Adicione os ingredientes líquidos, o alho, o sal e ¼ das castanhas ao copo do liquidificador. Bata até obter um creme homogêneo e extremamente aveludado — pode levar de 10 a 15 minutos, dependendo do seu liquidificador. Acrescente mais limão ou água se necessário. Adicione o restante das castanhas aos poucos para manter essa textura.

Deixe gelar bem. Uma pequena crosta pode se formar na parte de cima. Incorpore-a bem novamente antes de servir.

Sirva finalizando com um fio generoso de azeite.

BANQUETE ÁRABE

BABAGANUSH

Rende: 2 porções grandes ou 6 pequenas
Tempo de molho: 8 horas
Tempo de preparo: 20 minutos
Utensílios: garfo ou espeto e pilão (opcional)

O babaganush traz um toque defumado (p. 162) para este banquete, que, na minha opinião, complementa muito bem uma garfada cheia de sabores.

Para isso, o ponto principal é queimar as berinjelas inteiras na boca do fogão, até a casca ficar totalmente tostada de ponta a ponta. Depois é só tirar com cuidado todos os queimadinhos e caprichar nos temperos!

2 berinjelas grandes ou 4 médias
1 colher de sopa rasa de pasta de alho (p. 22) ou alho assado
3 a 6 colheres (sopa) de sumo coado de limão-siciliano
2 a 3 colheres (sopa) de tahine claro e suave
⅓ de xícara (chá) de azeite
1 a 1 ½ colher (chá) de sal rosa
1 colher (chá) de sal de especiarias
1 pitada de páprica defumada
pimenta-do-reino moída na hora a gosto

Deixe as berinjelas em temperatura ambiente. Espete- as com um garfo e coloque-as sobre a boca do fogão. É importante que fiquem bem chamuscadas, de ponta a ponta. Vá virando até que se pareçam com um carvão por fora — isso é o que garante o gostinho de defumado.

Deixe esfriar um pouco e retire com delicadeza as partes tostadas. Remova tudo o que estiver queimado, mas mantenha a parte mais escurinha de dentro, responsável pelo sabor defumado.

Com a berinjela ainda morna, desmanche a polpa com um garfo, mantendo a textura com pequenos pedaços. Se tiver um pilão, use-o e pile com os demais ingredientes, incorporando bem.

Ajuste os temperos e sirva frio. Regue com um fio generoso de azeite e moa um pouco de pimenta-do-reino. Finalize com um galho bem florido de manjericão.

BANQUETE ÁRABE

HOMUS TRADICIONAL

Rende: 2 porções grandes ou 6 pequenas
Tempo de preparo: 20 minutos
Tempo de cozimento: 30 minutos
Tempo de molho: 12 a 24 horas
Utensílios: panela de pressão e liquidificador

Para mim, o homus é uma das receitas-chave para compor uma refeição árabe.

Esta pasta é bastante simples, mas tem um sabor autêntico que vai bem com tudo! Ela é muito versátil para o dia a dia.

    1 xícara (chá) de grão-de-bico hidratado
       (p. 88)
    3 folhas de louro
    4 colheres (sopa) de azeite
    4 colheres (sopa) de tahine suave
       (p. 136)
    ½ colher (chá) de sal rosa ou mais
    1 colher (sopa) de pasta de alho
ou ⅓ de dente de alho sem miolo ralado
       (p. 22)
    ⅓ a ½ xícara (chá) de água
    sumo coado de 1 limão ou mais

Descarte a água do molho do grão-de-bico, coloque-o na panela de pressão e cubra com água, ultrapassando três dedos do nível dos grãos. Acrescente as folhas de louro, 1 pitada de sal e um fio de azeite e cozinhe por 30 minutos depois que a panela pegar pressão.

Descarte a água e liquidifique o grão-de-bico ainda quente com os demais ingredientes. Coloque água aos poucos para ajudar a bater. Ajuste o tempero e leve para gelar.

Na hora de servir, finalize com bastante azeite e grãos-de-bico inteiros.

DICAS
• Reserve alguns grãos antes de bater para decorar a pasta.

• O homus endurece quando vai para a geladeira, então deixe o ponto um pouco mais mole que o desejado.

• A textura do grão-de-bico vai depender do tempo que ele ficou de molho ou do tempo de cozimento. Vá colocando a água aos poucos e ajuste o tempero.

BANQUETE ÁRABE

HOMUS DEFUMADO

Rende: 2 porções grandes ou 6 pequenas
Tempo de molho: 12 a 24 horas
Tempo de cozimento: 30 minutos
Tempo de preparo: 20 minutos
Utensílios: panela de pressão e liquidificador

Por que não sair da mesmice e usar outras bases na hora de preparar seu homus? O feijão é um grão supercomum no dia a dia dos brasileiros e dá um sabor semelhante ao homus tradicional, mas com uma textura ainda mais cremosa. Você vai se surpreender!

1 xícara (chá) de feijão-carioca já hidratado (p. 88)
3 folhas de louro
4 colheres (sopa) de azeite
4 colheres (sopa) de tahine suave (p. 136)
½ colher (chá) de sal rosa
1 colher (sopa) de pasta de alho (p. 22)
ou ⅓ de dente de alho sem miolo ralado
⅓ a ½ xícara (chá) de água
sumo coado de 1 limão
1 colher (chá) rasa de páprica defumada
1 colher (sopa) rasa de melado de tâmara (p. 54) ou de cana (opcional)
5-10 espirradas de spray de fumaça líquida (opcional) (p. 162)

Descarte a água do molho do feijão-carioca, coloque-o na panela de pressão e cubra com água, ultrapassando três dedos do nível dos grãos. Acrescente as folhas de louro, 1 pitada de sal e um fio de azeite e cozinhe por 30 minutos depois que a panela pegar pressão.

Descarte a água e liquidifique o feijão ainda quente com os demais ingredientes. Coloque água aos poucos, para ajudar a bater. Ajuste o tempero e leve para gelar.

Na hora de servir, finalize com bastante azeite e páprica defumada.

DICA
• Quando for preparar o feijão do dia a dia, faça uma quantidade um pouco maior para preparar um homus depois. Como ele já estará temperado, levará ainda mais sabor para a preparação.

SUBSTITUIÇÕES
• Use feijão-branco, preto ou azuki no lugar do feijão-carioca.

BANQUETE ÁRABE

HOMUS PINK

Rende: 2 porções grandes ou 6 pequenas
Tempo de molho: 12 horas
Tempo de cozimento: 30 minutos
Tempo de preparo: 15 minutos
Utensílios: panela de pressão e processador de alimentos

Aqui está uma versão de homus que vai deixar qualquer refeição mais bonita! Além da linda cor vibrante, a beterraba traz uma doçura que faz toda a diferença no resultado final.

- ⅔ de xícara (chá) de beterraba em pequenos cubos
- ¾ de xícara (chá) de grão-de-bico já hidratado
- 3 folhas de louro
- ⅓ a ½ xícara (chá) de água
- 4 colheres (sopa) de tahine suave
- ¼ de xícara (chá) de azeite
- 1 colher (sopa) rasa de pasta de alho assado (p. 146)
- ou ½ dente de alho médio ralado
- sumo coado de 1 a 1 ½ limão
- 1 colher (sopa) de melado de tâmara (p. 54) ou de cana
- 1 colher (chá) de sal de especiarias
- ½ colher (chá) rasa de sal rosa
- cebolinha-francesa, azeite e pimenta-do-reino moída na hora, para finalizar

Descarte a água do molho do grão-de-bico, coloque-o em uma panela de pressão e cubra com água, ultrapassando três dedos do nível dos grãos. Adicione as folhas de louro, um fio de azeite e 1 colher (chá) de sal e cozinhe por 30 minutos depois que a panela pegar pressão.

Rale a beterraba crua enquanto os grãos cozinham.

Descarte a água do cozimento e bata o grão-de-bico ainda quente com a beterraba e os demais ingredientes em um processador de alimentos. Coloque água aos poucos, lembrando que a textura fica mais firme depois de frio. Ajuste o tempero e leve para gelar.

Na hora de servir, finalize com cebolinha-francesa picadinha, um fio de azeite e pimenta-do-reino moída na hora.

DICA
• Se sobrar um pouco da receita, incorpore em outras preparações, como em uma quinoa branca refogada, ou transforme-a em um risoto de beterraba. Finalize com ervas frescas, coalhada de castanha (p. 60) e wasabi.

BANQUETE ÁRABE

HOMUS DE COUVE-FLOR

Rende: 2 porções grandes ou 6 pequenas
Tempo de preparo: 10 minutos
Tempo de cozimento: 10 minutos
Utensílio: processador de alimentos

Esta opção de homus foi pensada para as pessoas que têm certa sensibilidade aos grãos, mesmo deixando-os de molho. Para que ninguém fique sem provar esta pastinha dos deuses, adaptei para uma versão extremamente leve e lowcarb que aprendi com meu amigo André.

3 xícaras (chá) de couve-flor em floretes grandes (½ couve-flor pequena)
4 colheres (sopa) de azeite
4 colheres (sopa) de tahine suave (p. 136)
½ colher (chá) de sal rosa
1 colher (sopa) de pasta de alho
ou ⅓ de dente de alho sem miolo ralado
pimenta-do-reino moída na hora
sumo coado de ½ a 1 limão
azeite e páprica defumada, para finalizar

Cozinhe a couve-flor com sal e azeite por 10 a 15 minutos, até ficar bem macia.

Descarte a água e aperte para tirar todo o excesso dela. Bata ainda quente com os demais ingredientes. Para esta variação do homus, não se deve adicionar água, mas pode ser que você tenha que abrir a tampa do liquidificador e raspar as laterais do copo para bater a couve-flor por inteiro.

Na hora de servir, coloque em um prato e modele com a ajuda de uma colher. Finalize com bastante azeite e páprica defumada.

SUBSTITUIÇÕES
• Use cenoura ou abóbora-japonesa no lugar da couve-flor.

LEITE DE AMÊNDOA

Rende: 2 xícaras
Tempo de molho: 8 horas
Tempo de preparo: 10 minutos
Utensílios: voal ou pano de prato limpo e liquidificador

    1 xícara (chá) de amêndoas cruas
    1 ½ a 3 xícaras (chá) de água
    1 pitada de sal

Deixe as amêndoas de molho por 8 horas, trocando a água na metade do tempo. Descarte a água do molho.

Bata as amêndoas com água — a quantidade depende da textura desejada: gosto de usar pouco líquido, para que o leite fique mais grossinho.

Passe tudo por um voal, separando o líquido do bagaço. Reserve a parte sólida para preparar o chancliche (ver ao lado), além de bolos, cookies e farofas.

Voal

Ideal para coar sucos, preparar leites vegetais e retirar o sumo de alimentos, como o do gengibre.

Ele parece uma "redinha" com furos minúsculos e é facilmente encontrado em feiras, na barraquinha de suco verde, ou na internet. Na internet você também aprende facilmente a preparar o seu em casa.

BANQUETE ÁRABE

CHANCLICHE DE AMÊNDOA

Rende: 15 bolinhas ou ¾ de xícara (chá) de chancliche temperado
Tempo de preparo: 10 minutos
Tempo de molho: 8 horas
Utensílios: voal ou peneira e liquidificador

Chancliche sempre foi algo que amei, mas que acabava caindo mal, principalmente quando misturado com outros pratos. Acho que a mistura da lactose (à qual sempre tive sensibilidade) com a cebola crua não dava samba para mim.

Trago aqui uma versão mais leve e sustentável, porque vamos transformar aquele "restinho" do bagaço do leite de amêndoa — que muitas vezes é descartado — em um chancliche temperado superversátil!

1 porção de bagaço de leite de amêndoa (p. 72)
¼ de xícara (chá) de azeite
½ a 1 colher (chá) rasa de sal rosa
1 a 2 colheres (sopa) de sumo coado de limão-siciliano
pimenta-do-reino moída na hora a gosto

Para finalizar (opcional)
1 a 2 colheres (sopa) rasas de cebola picada
½ tomate sem pele e sem sementes picado
1 colher (sopa) de salsinha finamente picada
2 colheres (sopa) de cebolinha finamente picada
1 colher (chá) de orégano
gotas de tabasco
zaatar a gosto

Tempere o bagaço de leite de amêndoa com o azeite, o sal o limão e a pimenta-do-reino.

Unte a mão com um pouco de azeite, faça bolinhas pequenas de aproximadamente 10 gramas e passe no zaatar. Sirva com um fio de azeite.

VARIAÇÕES

• Deixe a cebola picada de molho na água gelada por 20 minutos. Esfarele o chancliche e, em vez de fazer bolinhas, tempere com cebola e tomate picados, ervas frescas e secas e um pouco mais de azeite.

BANQUETE ÁRABE

QUIBE CRU

Rende: 6 porções
Tempo de molho: 12 horas
Tempo de preparo: 1 hora
Tempo de descanso: 4 horas

Quibe "cru" vegano? Que papo mais esquisito é esse?

Como algumas das minhas preparações têm uma lista relativamente grande de ingredientes e pré-preparos, nada mais justo do que simplificar de alguma forma. O trabalho para cozinhar uma ou duas porções é praticamente o mesmo, então por que não transformar a massa do quibe assado em quibe cru?

Depois de finalizar a preparação de um quibe recheado que tinha acabado de ir para o forno, me deparei com os "restos". Nossa, eles estavam tão saborosos, então por que não usar de base para quibinhos assados? Comecei a modelar e não conseguia parar de comer. Eles estavam tão gostosos "crus"... Espera, isso tem cara de algo inovador!

Um pouco mais de hortelã, azeite e uma colherada de cebola finamente picada que já estava de molho para tirar o sabor marcante. Feito!

Eis que surge uma nova receita!

½ porção da massa de quibe assado (p. 76)

Ingredientes finais
1 a 3 colheres (sopa) de cebola finamente picada deixada de molho (p. 33)
½ xícara (chá) de hortelã finamente picada
4 colheres (sopa) de azeite
pimenta-do-reino moída na hora
limão (opcional)
zaatar (opcional)
1 galho de hortelã para finalizar

Finalização
Adicione os ingredientes finais do quibe cru, prove e ajuste os temperos. Lembre-se de que precisa estar saboroso, então não tenha medo de ousar e temperar bem. Se necessário, coloque mais um pouco de farinha de semente de girassol (basta bater as sementes no liquidificador ou processador de alimentos) para firmar e leve para gelar por pelo menos 4 horas.

Faça uma "bola" com a massa e monte sobre um prato raso e amplo, deixando as pontas finas e achatando no formato de um quibe.

Com um garfo, faça risquinhos de ponta a ponta para desenhar os traços do quibe.

Mantenha refrigerado e, na hora de servir, regue com azeite e decore com um galho de hortelã.

QUIBE ASSADO RECHEADO

Rende: 6 porções
Tempo de preparo: 1 hora
Tempo de forno: 1 hora
Utensílio: refratário de aprox. 20 cm × 20 cm
que possa ir ao forno

Quando estava preparando um jantar mais que especial para meu sogro, que também tem ascendência libanesa (quanta reponsabilidade) e que ainda achava esquisita essa história de o filho dele ter virado vegetariano e se alimentar "só de plantas", quis fazer bonito e mostrar a diversidade desse universo.

Adoro esta receita pois acho que agrada a todos: desde o mais natureba até aquele que torce o nariz e fala que comida vegana não tem a menor graça!

O quibe por si só já é uma refeição supercompleta e equilibrada. Acompanhado de uma bela salada e uma porção de coalhada de castanha (p. 60), já faz a alegria da casa.

Para a base
1 ¼ de xícara (chá) de quinoa vermelha
lavada 3 vezes
2 ½ xícaras (chá) de lentilha já hidratada
(p. 88)

Para o refogado
1 cebola finamente picada
½ xícara (chá) de azeite
2-3 colheres (sopa) de pimenta síria (p. 52)
2 colheres (sopa) de páprica defumada
2 colheres (chá) cheias de canela em pó
1 pitada de cominho em pó

Para finalizar
2 a 3 colheres (sopa) de tahine claro e leve
4 a 6 colheres (sopa) de sumo coado de limão
1 colher (sopa) rasa ou mais de sal rosa
1 xícara (chá) de farinha de amêndoa
ou semente de girassol
¼ de xícara (chá) de cebolinha-francesa
finamente picada
½ xícara (chá) de salsinha finamente picada
¼ de xícara (chá) de hortelã picada
azeite a gosto
10 a 15 gotas de tabasco (opcional)

Para o recheio
1 porção de cebolas caramelizadas (p. 256)
1 xícara (chá) de *pinoli* ou nozes-pecãs
(opcional)

Base
Escorra a água do molho da lentilha e cozinhe com mais água e sal de especiarias por aproximadamente 8 minutos. Ela deve ficar levemente *al dente*.

Escorra a água e drene bem com a ajuda de uma colher. Isso dará textura e firmeza para o quibe.

Bata ainda quente com 3 colheres de sopa de azeite e um pouco de sumo de limão até formar um purê firme e homogêneo, sem nenhum pedaço. Não se preocupe se a lentilha tiver passado um pouco do ponto e estiver muito mole, porque isso pode ser corrigido na hora do refogado.

Lave a quinoa três vezes e cozinhe em água fervente por 12 minutos. Tire a espuma que sobe e depois escorra bem toda a água. Coloque em um refratário grande e frio para parar o cozimento e tempere ainda quente com o restante do limão, o tahine e o sal (ingredientes da finalização).

Refogado
É a hora de acordar as especiarias e tirar tudo de bom que elas podem nos oferecer!

Em uma frigideira pequena, aqueça o azeite e adicione as especiarias por 30 segundos, até começar a borbulhar. Cuidado para não queimar.

Adicione imediatamente a cebola e deixe por 2 minutos, no fogo bem baixo, até começar a suar. Tire do fogo e acrescente a massa de lentilha para aproveitar todo o sabor e incorporar bem.

Caso a lentilha esteja muito mole, volte essa panela ao fogo e cozinhe um pouco em fogo baixo para reduzir e firmar.

Massa
Incorpore a quinoa e os demais ingredientes da finalização até virar uma massa bem saborosa.

Preaqueça o forno a 180ºC.

Coloque sal de especiarias e azeite nas nozes ou nos *pinoli* e leve para assar e dourar (cuidado para não queimar os *pinoli*). Quando tirar do forno, passe imediatamente para um recipiente frio para manter a crocância.

Coloque metade da massa em um refratário untado com azeite e passe uma espátula para acertar a altura.

Recheie com cebolas caramelizadas e *pinoli* ou nozes torradas, distribuindo por igual em todo o quibe. Separe a massa restante em 5 partes.

Molhe um pouco as mãos e abra a massa bem fininha. Coloque em uma das pontas, cobrindo ¼ do recheio, e repita esse processo até cobrir o refratário por inteiro. Aproveite o restinho de massa para cobrir as partes que estão descobertas.

Com a ajuda de uma faca, faça recortes no quibe, formando losangos. Corte até o fundo, para que seja mais fácil de desenformar, e assim o quibe cozinhará por igual.

Tampe o refratário e leve para assar em forno preaquecido a 180°C por aproximadamente 40 minutos. Depois destampe e deixe mais um pouco até o quibe firmar.

Pincele com um fio de azeite e sirva quente.

DICAS

• Em vez de empratar e levar ao forno, modele em formato de quibe cru (p. 74). Se desejar, mude um pouco os temperos, adicionando mais ervas frescas e limão, e sirva gelado.

• Use as mãos para cobrir o quibe, caso contrário o recheio pode se mover e ficar desigual em alguma parte.

• Use a quinoa vermelha para deixar mais semelhante ao quibe tradicional — afinal, comemos com os olhos!

• O ponto do cozimento dos grãos vai depender do tempo que eles ficaram de molho. O purê de lentilha deve ficar firme, mas homogêneo, e a quinoa não pode cozinhar demais!

SUBSTITUIÇÕES

• Troque a farinha de amêndoa por farinha de semente de girassol para adicionar magnésio e fibras ou deixar esta preparação com valor mais acessível.

• Substitua a lentilha por grão-de-bico, feijão-branco ou abóbora assada (p. 172)

BANQUETE ÁRABE

KAFTA DE FUNGHI

Rende: 6 a 8 kaftas
Tempo de marinada: 30 minutos
Tempo de preparo: 30 minutos
Utensílios: moedor de carne e espetinhos de madeira

Esta receita tem um quê de especial. Começar a escrever a introdução deste capítulo me trouxe muitas lembranças incríveis, especialmente envolvendo meu pai, Waldir. Criei esta kafta com muito amor para você, meu Palito!

Para o refogado
1 dente de alho finamente picado
1 colher (sopa) de azeite
½ cebola picada em cubos pequenos
1 colher (chá) de sal de especiarias
2 colheres (chá) de pimenta síria (p. 52)
1 colher (chá) de páprica defumada
1 colher (chá) de lemon pepper (p. 94)
1 a 2 colheres (sopa) de canela em pó

Para a massa
40 g de funghi porcini seco hidratado em água quente
1 colher (sopa) de melado de tâmara (p. 54)
ou 1 tâmara medjool sem caroço picada
100 g de tempeh em pequenos cubos
3 colheres (sopa) de azeite
1 colher (sopa) de polvilho doce
6 g de spray de fumaça líquida (p. 162)
1 colher (sopa) de shoyu sem glutamato
1 ½ colher (chá) de sal de especiarias
1 a 2 colheres (sopa) de sumo coado de limão

Para finalizar
4 colheres (sopa) de hortelã picadinha
4 colheres (sopa) de salsinha finamente picada

4 colheres (sopa) de cebolinha-francesa picada
1 colher (sopa) de pasta de amêndoa
mix de pimentas (preta, rosa e branca) a gosto
½ colher (chá) de sal

Para dar o ponto
½ a 1 xícara (chá) de farinha de amêndoa torrada ou farinha de semente de girassol

Marinada
Hidrate o funghi em água fervente. Escorra, tirando o excesso de água (mas reserve-a) e pique os cogumelos. Se a tâmara estiver dura, hidrate junto com o funghi.

Passe o tempeh, os cogumelos e as tâmaras por um moedor de carne.

Tempere com os demais ingredientes e deixe descansar por pelo menos 30 minutos.

Refogado
Aqueça o azeite em uma panela ampla, refogue o alho até dourar bem e então adicione a cebola, as especiarias (pimenta síria, páprica, sal de especiarias e lemon pepper) e deixe por 3 minutos.

Adicione o tempeh e seus temperos e espere secar bem, até virar uma massinha.

Finalização
Incorpore os demais ingredientes e dê o ponto com as farinhas.

Ajuste os temperos e modele a kafta em espetinhos.

Coloque em uma frigideira untada com azeite, tampe e deixe cozinhar e dourar de ambos os lados.

DICA
• Sirva com molho de hortelã (p. 82)

SUBSTITUIÇÃO
• Você pode substituir o lemon pepper (p. 94) por raspas de limão desidratadas e pimenta-do-reino moída na hora.

BANQUETE ÁRABE

MOLHO DE HORTELÃ

Rende: 1 xícara (chá)
Tempo de molho: 8 horas
Tempo de preparo: 20 minutos
Utensílio: liquidificador

½ xícara (chá) de castanha-de-caju crua
e sem sal já hidratada (p. 264) ou tofu ou
inhame cozido
1 xícara (chá) de água fervente
2 a 4 colheres (sopa) de sumo coado
de limão-siciliano
½ dente de alho ralado sem o miolo
1 a 2 colheres (chá) rasas de sal rosa
4 colheres (sopa) de azeite
2 xícaras (chá) de folhas de hortelã
2 colheres (sopa) de tahine claro e suave
½ colher (chá) de pimenta síria (p. 52)
1 colher (sopa) de melado de tâmara (p. 54)
(opcional)
5 gotas de tabasco (opcional)

Escorra a água e reserve as castanhas. Se não tiver
deixado as castanhas de molho, cozinhe por 30 minutos até amolecerem bem.

Lave as castanhas e reserve.

Bata no liquidificador os ingredientes líquidos
com metade das castanhas e o alho até ficar homogêneo e cremoso. Adicione as castanhas aos poucos
para manter essa textura bem aveludada. Se optar
pelo tofu, coloque a água aos poucos.

Acrescente os demais ingredientes e ajuste os
temperos — coloque mais sal, azeite ou hortelã de
acordo com seu paladar.

Sirva bem gelado.

DICAS
• Você pode acertar o ponto com mais
água ou leite vegetal se desejar.

• Vá colocando mais água pouco a pouco e acertando os temperos.

• Este molho endurece quando fica
gelado, então deixe-o um pouco mais
líquido do que o desejado.

SUBSTITUIÇÕES
• Troque a hortelã por outras ervas, como
cebolinha ou um mix de ervas frescas.

BANQUETE ÁRABE

CHARUTINHO

Rende: 20 unidades
Tempo de preparo: 30 minutos
Tempo de forno: 40 minutos
Utensílios: peneira e refratário de 30 cm × 20 cm

20 folhas de acelga (1 maço grande)
2 abobrinhas italianas médias cortadas
    em cubinhos de 0,5 cm
½ xicara (chá) de arroz integral cozido
    (opcional)
2 dentes de alho ralados
1 cebola finamente picada
1 colher (chá) de sal rosa
1 colher (chá) de sal de especiarias
½ colher (sopa) de pimenta síria (p. 52)
1 colher (chá) de páprica defumada
¼ de xícara (chá) de azeite

Para o molho
2 xícaras (chá) de sumo coado
    de laranja-pera
⅓ de xícara (chá) de azeite
1 colher (sopa) de sumo coado de limão
1 colher (chá) de sal rosa
1 colher (chá) de alho em pó
ou ½ dente de alho ralado

Para finalizar
6 a 8 damascos finamente picados
6 colheres (sopa) de cebolinha-francesa
    picada
¼ de xícara (chá) de *pinoli* ou
    castanha-do-pará picada
1 a 2 colheradas (sopa) generosas
    de coalhada (p. 60) (opcional)

Molho
Misture todos os ingredientes, batendo até obter uma mistura emulsificada. Reserve.

Charutinho
Encha uma panela com água filtrada, leve ao fogo e deixe ferver.

Com a ajuda de um pegador, escalde as folhas de acelga uma a uma (por volta de 5 segundos cada folha). Disponha as folhas abertas em um escorredor e reserve.

Coloque a abobrinha em uma peneira, polvilhe um pouco de sal, misture e deixe descansar por 15 minutos. Então esprema a abobrinha com as mãos para remover toda a água.

Tempere os *pinoli* ou a castanha-do-pará já picada com azeite e sal. Leve para assar por 7 minutos até dourar e reserve em um recipiente frio.

Refogue o alho em metade do azeite. Quando dourar, adicione a cebola, a pimenta síria e a páprica e deixe por mais 5 minutos.

Acrescente a abobrinha e refogue até incorporar bem o sabor e secar toda a água.

Como já foi utilizado sal para soltar a água da abobrinha, deixe para colocá-lo no final do refogado e ajuste os temperos.

Finalização
Acrescente à abobrinha a cebolinha, o restante do azeite, o damasco picadinho, os *pinoli* ou as castanhas e ajuste os temperos.

Coloque a folha de acelga sobre uma superfície lisa. Corte com delicadeza a parte mais dura do talo, começando pelo meio da folha. Finalize cortando toda a parte dura do talo — a ideia é que a folha fique bem fina e maleável.

Se forem muito grandes, corte as pontas. Reserve os talos para outras preparações.

Coloque na ponta da acelga (onde ficava a parte mais dura) aproximadamente 2 colheres (sopa) do recheio — vai depender do tamanho da folha — e enrole com firmeza.

Na metade da folha, dobre as laterais para dentro e continue enrolando, formando um pacotinho bem fechado. Se sobrar muita folha, corte a ponta.

Disponha os charutinhos com a ponta da folha virada para baixo em uma travessa que possa ir ao forno, deixando-os bem próximos uns dos outros, para firmar sem abrir quando forem assar.

Regue com ¾ do molho, tampe com outra assadeira e leve ao forno preaquecido a 180ºC por 40 minutos. Destampe e deixe até o líquido secar um pouco, por aproximadamente mais 15 minutos.

Na hora de servir, finalize com o restante do molho e salpique cebolinha.

ARROZ COM LENTILHA À MODA SÍRIA — MJADRA

Rende: 4 a 8 porções
Tempo de preparo: 40 minutos

1 xícara (chá) de arroz branco cozido
2 xícaras (chá) de caldo de legumes
1 xícara (chá) de lentilha deixada de molho por 12 horas
1 dente de alho ralado
1 cebola finamente picada
4 colheres (sopa) de azeite
2 colheres (chá) de sal rosa

Especiarias
1 colher (chá) de sumagre ou lemon pepper (p. 94)
2 colheres (chá) de canela em pó
½ colher (chá) de cardamomo em pó
2 colheres (chá) de pimenta síria (p. 52)

Para finalizar
¼ de xícara (chá) de cebolinha com a parte branca finamente picada
1 xícara (chá) de cebolas caramelizadas (p. 256) (opcional)

Numa frigideira, aqueça 2 colheres de azeite, adicione o alho e deixe dourar. Junte a cebola, as especiarias e refogue por 15 minutos. Acrescente a lentilha e refogue por 2 minutos. Depois, adicione 1 a 1 ½ xícara de caldo de legumes (depende do tempo de molho do grão), as 2 colheres restantes de azeite e 1 pitada generosa de sal.

Quando o líquido estiver quase seco e a lentilha no ponto, acrescente o arroz e deixe secar.

Se optar por fazer com a cebola caramelizada, distribua as cebolas em uma assadeira e leve para assar a 170ºC, até secarem e ficarem levemente crocantes. Use para finalizar, colocando-as sobre a preparação.

O resultado deve ser um arroz com lentilhas soltinho.

Acrescente as ervas frescas e ajuste os temperos.

ACORDANDO OS GRÃOS

Esta é uma prática milenar, herdada das sábias mulheres que vieram antes de nós.

Quando deixamos os grãos de molho, neutralizamos parte dos ácidos fíticos, facilitando a digestão e possibilitando uma melhor absorção de tudo o que esses alimentos têm para nos oferecer.

Além disso, o cozimento passa a ser mais rápido e ganhamos tempo na hora de finalizar nosso prato. Deixar os grãos de molho passa a ser natural (e essencial!) na rotina!

Como fazer?

Coloque os grãos de molho em duas medidas de água filtrada com cerca de 1 colher (sopa) de limão ou vinagre por medida de água por pelo menos 8 horas — alguns grãos precisam de mais tempo; em geral, quanto maior o grão, mais tempo ele deve ficar de molho.

Qualquer tempo de molho é melhor do que nada, mas tento usar estas medidas de tempo:

Lentilha: de 8 a 24 horas
Feijão: de 24 a 36 horas
Grão-de-bico: de 24 a 48 horas

Sempre troco a água de 8 em 8 horas, mas, se estiver calor, troco mais vezes ao dia e mantenho na geladeira, dependendo da temperatura.

Lembre-se de que o grão cresce bastante quando fica de molho, então nas minhas receitas indico sempre a medida dos grãos já demolhados por pelo menos 8 horas. Para acertar nas quantidades que vai deixar de molho, separe sempre $1/3$ a menos da quantidade total dos grãos secos pedidos nas receitas.

DICAS

• Na hora de cozinhar os grãos, sempre descarte a água do molho.

• Para facilitar, você pode colocar os grãos de molho logo antes de dormir.

COMO COZINHAR OS GRÃOS

Além de deixar os grãos de molho, existem também outros macetes que ajudam na hora de digerir e absorver os nutrientes dos grãos:

• Adicione folhas de louro ou pedaços de alga kombu, pois são muito eficientes e trazem um sabor final especial.

• Ao levar os grãos para cozinhar, assim que a água começar a ferver, descarte a espuma branca que sobe e boia na superfície. Ela atrapalha a digestão, causando gases em muitas pessoas.

Quando você deixa os grãos de molho de um dia para o outro, eles cozinham muito mais rápido; por isso, depois de descartar a espuma, você deve morder um grão para analisar quanto ele está duro. Só de deixar de molho você vai perceber que alguns grãos já estão quase no ponto correto.

Por isso, você não precisa cozinhar os grãos na pressão: basta colocá-los para ferver e, assim que levantarem fervura, conferir a textura do grão de vez em quando, até pegar a manha.

O tempo ideal de cozimento vai depender muito da receita. Para um homus (p. 64), por exemplo, pode deixar cozinhar bastante, porque ele pede uma textura pastosa; para receitas como a salada de grãos (p. 252), a textura firme é mais interessante; já para preparar um hambúrguer (p. 278), um meio-termo é o ideal.

Ouça a sua intuição para saber o ponto ideal. Claro que no decorrer do livro dou dicas e sugestões, mas meu intuito é libertar você de padrões, regras e receitas seguidas à risca, para que se sinta livre para criar e adequar de acordo com seu paladar.

DICA
- Enquanto esfriam, os grãos continuam cozinhando, então tire sempre um pouco antes do desejado ou coloque em água gelada para parar o cozimento, caso já estejam no ponto correto.

MAIS SABOR
Os alimentos ficam muito mais receptivos para absorver o sabor quando estão quentes, então tempere grãos e legumes ainda quentes para ficarem ainda mais gostosos.

BANQUETE ÁRABE

TORTA DE PISTACHE, TAHINE E CACAU

Rende: 1 torta alta de 20 cm
Tempo de preparo: 40 minutos
Tempo de geladeira: 4 horas
Utensílios: papel dover ou manteiga, fôrma alta de 20 cm com fundo removível, processador de alimentos e liquidificador

Para a massa
- 1 ½ xícara (chá) de pistache sem casca (ou outra oleaginosa)
- 1 xícara (chá) de nozes-pecãs (ou outra oleaginosa)
- 2 xícaras (chá) de tâmaras medjool
- 2 colheres (sopa) de óleo de coco sem sabor
- ½ colher (café) de sal

Para o primeiro recheio
- 1 xícara (chá) de tahine libanês claro e leve
- ½ xícara (chá) de óleo de coco sem sabor ou manteiga de cacau ralada
- 1 pitada de sal

Para o segundo recheio
- 1 a 2 colheres (chá) de flor de sal
- 1 xícara (chá) de nibs de cacau

Para o terceiro recheio
- 1 ½ xícara (chá) de chocolate 70% cacau ralado
- 1 xícara (chá) de leite de castanha ou coco
- ½ xícara (chá) de açúcar de coco
- 1 colher (café) de sal rosa

Preaqueça o forno a 180°C.

Massa
Pique a tâmara rusticamente. Num processador de alimentos, bata todos os ingredientes, deixando alguns pedaços de pistache.

Forre a fôrma com papel dover ou manteiga e coloque as pontas do papel por dentro, deixando que as pontas saiam por baixo da fôrma, sem encostar no recheio.

Coloque os ingredientes da base na fôrma e aperte bem, subindo nas laterias.

Leve para assar por aproximadamente 8 a 10 minutos. Retire do forno e deixe esfriar.

Primeiro recheio
Derreta rapidamente a manteiga de cacau ou o óleo de coco (eles são fundamentais pois darão firmeza para o tahine ao gelar), incorpore o tahine e recheie a torta. Tampe e leve ao freezer por 30 minutos.

Segundo recheio
Na metade do tempo do freezer, salpique a flor de sal e os nibs de cacau uniformemente e volte para gelar.

Terceiro recheio
Amorne o leite em banho-maria, adicione o chocolate ralado e os demais ingredientes. Quando derreterem, se necessário, bata no liquidificador para deixar uniforme, então adicione um pouco mais de açúcar de coco se desejar.

Deixe esfriar um pouco e coloque sobre a camada de tahine. Tampe e volte imediatamente para o freezer por mais 30 minutos.

Tire do freezer e deixe na geladeira por pelo menos 2 horas antes de servir.

DICAS

• Reserve um pouco da massa antes de assar e faça bolinhas — são ótimos petiscos para quando bater aquela vontade de doce ou para quando você estiver precisando de energia.

• A qualidade do tahine interfere e muito nesta preparação; então se certifique de usar um tahine claro e com gosto bem suave.

• É importante que o óleo de coco seja sem sabor para não roubar o sabor do tahine.

• Faça esta receita na véspera, pois ela fica ainda melhor quando feita com mais de 24 horas de antecedência.

SUBSTITUIÇÕES

• Tanto o pistache como as nozes podem ser substituídos por outras oleaginosas, como amêndoas, castanhas, amendoim.

• Troque o tahine por pasta de amêndoa ou de castanha.

Óleo de coco sem sabor

O óleo de coco sem sabor é uma ótima opção para dar textura firme a preparações frias que vão à geladeira.

Ele pode ser encontrado de dois tipos: o lótus de coco, que não se solidifica, e o óleo de coco tradicional sem sabor, que endurece e é capaz de trazer a firmeza desejada aos preparos.

ALMOÇO NO CAMPO

Neste capítulo você vai encontrar receitas que resgatam uma lembrança de comidinha caseira. Arroz, feijão, farofa e uma bela torta de maçã.

Elas podem compor um delicioso almoço no campo, em uma mesa coberta pela sombra das árvores, mas também vão cair muito bem para refeições gostosas no dia a dia.

MASALA

LEMON PEPPER

O lemon pepper nasceu nos Estados Unidos e ganhou o mundo combinando dois ingredientes muito simples: o limão e a pimenta-do-reino. Uma festa para as papilas gustativas, que sentem dois sabores opostos ao mesmo tempo!

Esta versão é mais suave do que aquelas que costumamos encontrar à venda, porque não contém glutamato monossódico.

- 3 colheres (sopa) de limão em pó ou farinha de limão
- 1 colher (chá) de sal marinho
- 1 a 2 colheres (chá) de pimenta-do-reino em pó
- 1 colher (chá) de alho em pó
- 1 colher (chá) de cebola em pó
- 1 colher (chá) de cúrcuma em pó

Misture todos os ingredientes e guarde em um pote de vidro.

DICA
- Se quiser acentuar o sabor cítrico, acrescente 1 colher (café) de ácido cítrico, um ácido natural das frutas que você encontra em pó em casas que vendem produtos para confeitaria.

Glutamato monossódico

O glutamato monossódico é um realçador de sabor cheio de malefícios para nossa saúde e muito comum em alimentos industrializados, fast-foods e produtos utilizados na culinária oriental, como shoyu e outros molhos. Ele ressalta o quinto sabor básico que sentimos em nosso paladar: o umami.

Além dos sabores doce, azedo, amargo e salgado, existe um quinto sabor encontrado naturalmente em alguns alimentos que é sentido depois dos demais sabores e é responsável por uma sensação muito agradável, que permanece na boca.

Esse sabor pode ser criado de forma natural misturando-se os quatro sabores básicos citados acima com uma pitadinha de algo picante. Assim, é possível despertar quase todos os pontos da língua ao mesmo tempo, trazendo uma "explosão" de sabores naturalmente.

PEPITAS COM LEMON PEPPER

Rende: 6 porções
Tempo de preparo: 15 minutos
Utensílio: assadeira

Tem coisa mais gostosa do que sementes ou castanhas bem temperadas e torradas? Elas vão bem com tudo: como snack para aquela fominha que bate no meio do dia, como petisco para acompanhar um bom papo entre amigos queridos ou até como finalização do prato principal de um almoço especial.

Minha sugestão? Tenha sempre essa carta na manga, pois, além de gostosas, as sementes de abóbora são supernutritivas e prolongam nossa saciedade. Capriche no mix de oleaginosas e use e abuse dos temperos que tiver em casa. Um fio de azeite e *voilà*!

1 ½ xícara (chá) de sementes de abóbora sem casca
3 colheres (sopa) de azeite

Para temperar
1 colher (sopa) de lemon pepper
¼ de colher (chá) de sal rosa

Opcional
½ colher (chá) de orégano seco
½ colher (chá) de manjericão seco
½ colher (chá) de tomilho seco
1 colher (chá) de gergelim branco torrado

Preaqueça o forno a 180°C.

Bata todos os ingredientes do tempero até obter um pó.

Regue as sementes com o azeite e adicione o tempero.

Coloque-as espalhadas em uma fôrma e deixe dourar por aproximadamente 10 a 15 minutos, mexendo de tempos em tempos.

Acondicione em um recipiente frio assim que tirar do forno para manter crocante.

SHOT

MARY SHOT

Rende: 6 porções
Tempo de preparo: 15 minutos
Tempo de cozimento: 30 minutos

500 g de tomates frescos e orgânicos (cereja e outros maiores)
¼ de xícara (chá) de aipo (com folhas) cortado
¼ de beterraba descascada e picada grosseiramente
¼ de xícara (chá) de cenoura picada
¼ de xícara (chá) de salsinha
2 colheres (sopa) de hortelã fresca
1 ramo de tomilho fresco
½ xícara (chá) de água
1 pedaço pequeno de gengibre fresco descascado
⅓ de colher (chá) de sal
½ colher (sopa) de açúcar mascavo
1 colher (chá) de páprica defumada

Para finalizar
2 a 3 colheres (sopa) de sumo coado de limão
1 a 2 colheres (sopa) de molho inglês
gotas de tabasco
1 pitada de sal
pimenta-do-reino moída na hora a gosto
cubos de gelo

Para enfeitar
1 talo de salsão com a ponta
1 ramo de tomilho

Corte os tomates maiores em quatro e o cereja ao meio.
Coloque todos os ingredientes em uma panela grande com água, tampe e deixe ferver. Cozinhe em fogo baixo por 10 minutos. Retire a tampa, mexa com uma colher e deixe que a água suba.
Deixe ferver por 25 minutos, retire do fogo e deixe esfriar um pouco. Passe o sumo em um voal ou peneira bem fina para tirar o bagaço.

Leve para gelar. Ele pode ser armazenado por 5 dias na geladeira.
Quando o suco estiver gelado, tempere com os demais ingredientes.

DICAS
• Passe limão na borda do copo e "carimbe" a borda em um montinho de sal verde (p. 20). Adicione uma pedra de gelo e finalize com um ramo de tomilho.

• Coloque um talo de salsão para enfeitar e ajudar a mexer.

• Faça cubos de gelo de suco de tomate para que seu mary shot não fique aguado à medida que o gelo derrete. Aprendi esse truque no Ginger Bar, em Trancoso, e já aderi para a vida!

ALMOÇO NO CAMPO

MOLHO DIJON

Rende: 2 porções
Tempo de preparo: 5 minutos

3 colheres (sopa) de mostarda de Dijon
⅓ de xícara (chá) de azeite
⅓ de xícara (chá) de sumo coado de laranja
2 colheres (sopa) de sumo coado de limão
2 colheres (chá) de alho em pó
2 colheres (sopa) de melado de cana, xarope de bordo ou outro de sua preferência
½ colher (chá) de sal rosa
2 colheres (sopa) de shoyu sem glutamato
10 gotas de tabasco

Incorpore todos os ingredientes até obter um molho liso.

Deixe gelar por pelo menos 2 horas antes de servir.

Guarde em um recipiente fechado por até 1 semana.

Xarope de bordo

Um ótimo substituto para o mel por ter uma textura líquida, é uma boa opção para adoçar receitas veganas.

Ele é feito a partir da seiva circulante das árvores de bordo, e quase toda a sua produção vem do Canadá, onde é conhecido como *maple syrup*.

O diferencial do xarope de bordo em relação ao açúcar é que tem baixo índice glicêmico e é rico em vitaminas e minerais.

ALMOÇO NO CAMPO

QUEIJO AMARELO DE CASTANHA

Rende: 1 queijo de aproximadamente 300 g
Tempo de preparo: 25 minutos
Tempo de molho: 12 horas
Tempo de resfriamento: 2 dias
Utensílios: liquidificador, aro de metal (cortador) de 9 cm de diâmetro ou uma fôrma para pão de 10 cm e papel-manteiga

Para a primeira etapa
1 xícara de castanha-de-caju crua hidratada (p. 264)
¾ de xícara (chá) de leite de castanha
1 colher (sopa) de missô claro orgânico
1 colher (chá) de sal

Para a segunda etapa (firmeza)
⅓ de xícara (chá) de óleo de coco firme e sem sabor

Para a terceira etapa (sabor)
1 colher (chá) de limão
¼ de xícara (chá) de *nutritional yeast*
1 colher (café) de cúrcuma em pó

Para a quarta etapa (textura)
½ colher (chá) de goma xantana
1 colher (chá) de ágar-ágar
2 colheres (sopa) rasas de polvilho doce

Primeira etapa
Escorra a água das castanhas e bata num liquidificador ⅓ delas com o leite vegetal e o óleo de coco até obter uma textura bem aveludada e sem pedaços. Adicione o restante das castanhas pouco a pouco, para manter a textura aveludada e sem pedaços e a cor bem brilhante. Se necessário, coloque um pouco de água.

Segunda, terceira e quarta etapas
Adicione os demais ingredientes e continue batendo até obter uma massa viscosa, brilhante e homogênea. Reserve no próprio liquidificador.

Leve para uma panela em fogo bem baixo e mexa sempre, até começar a soltar do fundo da panela. Cuidado para não talhar: se aquecer demais, a gordura poderá se separar da massa. Nesse caso, bata novamente.

Finalização
Coloque o aro de metal sobre o papel-manteiga ou dover e acomode a massa dentro dele. Nivele a altura com uma espátula, deixando reto.

Deixe na geladeira por pelo menos 2 dias antes de consumir.

Dura até 15 dias bem armazenado na geladeira e até 2 meses no congelador.

ALMOÇO NO CAMPO

SALADA DE KALE, PEPITAS E AVOCADO

Rende: 6 porções pequenas ou 3 grandes
Tempo de preparo: 20 minutos
Tempo de marinada: 10 minutos

2 maços de couve-portuguesa
½ beterraba pequena ralada
1 cenoura pequena ralada
4 flores de avocado (p. 220)
¼ de xícara (chá) de uvas-passas brancas
ou pretas
1 porção de pepitas com lemon pepper
   (p. 94)
um punhado de folhas de hortelã
flores comestíveis, para finalizar
molho Dijon (p. 97)
ricota de amêndoa (p. 56), chèvre (p. 200)
ou coalhada de castanha (p. 60) (opcional, se
for servir a salada como prato principal)

Tire os talos mais duros e rasgue as folhas de cou-ve. Disponha em um bowl grande e incorpore o mo-lho Dijon aos poucos (a quantidade vai depender do tamanho do maço da sua couve, mas em geral se utiliza quase toda a receita do molho). Massageie por uns 5 minutos e deixe descansando enquanto prepara os outros ingredientes.

Reserve um pouco da cenoura e da beterraba e incorpore o restante nas folhas. Massageie mais um pouco.

Prepare as flores de avocado.

Coloque as folhas em um refratário redondo e amplo, salpique o restante da cenoura e da beterraba, coloque as folhas de hortelã e no centro as flores de avocado. Finalize com as pepitas e as uvas-passas.

DICA

• Se optar por utilizar algum dos queijos sugeridos, faça em formato quenelle e coloque sobre a salada no final.

Quenelle

Quenelle é uma técnica bastante usada pelos chefs para servir purês, sorvetes e pastas firmes.

Originalmente era chamado de *quenelle* um bo-linho de massa feita de carne ou peixe ou apenas de vegetais e outros ingredientes, porém o nome aca-bou sendo adotado para essa técnica que dá forma e delicadeza a algumas preparações, valorizando o resultado final.

Como fazer?

Use duas colheres, que podem ser grandes, médias ou pequenas (isso vai depender do tamanho do seu *quenelle*). Deixe um potinho com água morna na ban-cada e molhe as colheres para facilitar o processo.

Pegue com uma delas uma quantidade suficien-te para preenchê-la e vá trocando o ingrediente de uma colher para outra, até obter o formato desejado.

Depois, com o auxílio de uma das colheres, "puxe" o *quenelle* para o prato onde deseja servir ou reserve em um refratário até a hora da finalização.

ALMOÇO NO CAMPO

ARROZ INTEGRAL COM CÚRCUMA

Rende: 3 porções ou 6 porções pequenas
Tempo de preparo: 20 minutos
Utensílio: assadeira

1 xícara (chá) de arroz cateto integral
2 xícaras (chá) de caldo de legumes
½ colher (chá) de sal marinho
2 colheres (chá) de cúrcuma
amêndoas laminadas para finalizar (opcional)

Preaqueça o forno em temperatura alta (190°C).

Lave o arroz em água corrente e escorra.

Adicione a uma panela de pressão e acrescente o caldo de legumes, a cúrcuma e o sal marinho. Leve ao fogo alto.

Enquanto isso, disponha as amêndoas em uma assadeira e leve ao forno. Deixe tostar por 10 minutos, retire do forno, coloque em um recipiente frio e reserve.

Assim que o pino da panela de pressão começar a se mexer, abaixe o fogo e deixe cozinhar por 10 minutos. Desligue o fogo e deixe a pressão sair. Sirva quentinho.

DICA
• Se fizer o arroz com preparações mais simples, adicione amêndoas laminadas torradas e ervas frescas.

ALMOÇO NO CAMPO

FEIJÃO DE FORNO

Rende: 6 porções
Tempo de preparo: 30 minutos
Tempo de cozimento: 1 hora e 30 minutos
Tempo de molho: 24 horas
Utensílios: panela de pressão pequena e
refratário de aprox. 20 cm × 18 cm × 5 cm

Para este prato, é muito importante deixar o feijão de molho, para facilitar a digestão e também para diminuir o tempo de preparo. Caso não possa demolhar por 24 horas, deixe o máximo que puder, mas não se esqueça de que o tempo de cozimento muda bastante de acordo com o tempo de molho.

- 1 xícara (chá) de feijão-carioca demolhado por 24 horas (p. 88)
- 3 folhas de louro
- 2 cebolas grandes
- 4 colheres (sopa) de azeite
- 2 dentes de alho finamente ralados
- 1 colher (chá) de sal rosa
- 2 colheres (chá) de páprica defumada em pó
- 2 colheres (chá) de orégano
- ¼ de xícara (chá) de tofu defumado em pequenos cubos
- 2 colheres (sopa) de farinha de amêndoa
- ¼ de xícara (chá) de tomate seco picadinho
- 2 xícaras de cenouras pequenas cortadas em meia-lua na grossura de 1,5 cm
- 4 colheres (sopa) de shoyu sem glutamato
- 1 colher (sopa) de limão

Deixe o feijão de molho em água fria com algumas gotas de limão por 24 a 48 horas, trocando a água a cada 8 ou 12 horas, dependendo da temperatura. Na hora de preparar, escorra e descarte a água.

Corte metade de uma cebola em rodelas finas e reserve para finalizar o prato. Pique o restante em cubos pequenos.

Em uma panela de pressão, refogue o alho até dourar bem, então coloque a cebola e um pouco de água e deixe por 5 minutos. Adicione a páprica, o orégano, a farinha de amêndoa, 1 colher (chá) de sal rosa e o tofu defumado e mexa por 2 minutos. Junte os grãos de feijão escorridos e o tomate seco e refogue em fogo médio por 5 minutos, sem colocar água.

Adicione a cenoura e cubra o feijão com caldo de legumes ou água quente, ultrapassando quatro dedos do nível dos grãos, e tampe a panela.

Quando a panela começar a chiar, reduza o fogo e cozinhe por 40 minutos (se não deixou de molho, adicione um pouco mais de água e deixe por 50 minutos).

Se preferir usar uma panela comum, assim que ferver, cozinhe por aproximadamente 1h15, ou até que o feijão fique macio. Vá tirando a espuma que se forma durante o cozimento e, se necessário, acrescente mais água.

Aqueça o forno a 220°C.

Abra a panela e, se o feijão ainda não estiver macio ou se tiver muita água, deixe aberta até reduzir e chegar ao ponto. O ideal é que o caldo fique mais espesso. Como o feijão ainda vai ao forno, esse caldo vai secar, e o ponto dele deve ser cremoso porém molhado.

Adicione o limão e o shoyu, ajuste os temperos e coloque um pouco mais de água se achar necessário.

Despeje o feijão em um refratário e decore com as rodelas de cebola reservadas. Leve ao forno por 20 minutos ou até formar uma crosta fina e a cebola dourar.

SUBSTITUIÇÃO
- Use o bacon de tofu (p. 197) no lugar do tofu defumado para agregar sabor.

FAROFA DE CASTANHA

Rende: 3 porções grandes ou 6 pequenas
Tempo de preparo: 10 minutos
Utensílio: assadeira

3 dentes de alho finamente ralados
4 colheres (sopa) de azeite
½ colher (chá) de sal rosa
1 ½ colher (chá) de cúrcuma
2 colheres (chá) de orégano seco
200 g de farinha de mandioca torrada
100 g de farinha de amêndoa
½ porção de bacon de tofu (p. 197)
½ xícara (chá) de castanha-de-caju inteira

Tempere as castanhas com sal de especiarias e azeite e leve ao forno a 180ºC até dourarem. Reserve em um recipiente frio para não amolecer.

Coloque a farinha de amêndoa em uma panela grande e doure em fogo baixo. Reserve.

Adicione o azeite a outra panela, junte o alho e refogue até dourar bem. Desligue o fogo, incorpore os demais ingredientes e a farinha reservada. Ajuste os temperos.

PURÊ DE BANANA-DA-TERRA COM GENGIBRE

Rende: 6 porções
Tempo de preparo: 20 minutos
Utensílio: liquidificador

2 bananas-da-terra bem maduras
sumo coado de ½ limão
2 colheres (sopa) de azeite
¼ de xícara (chá) ou mais de leite de coco
2 a 3 colheres (sopa) de gengibre ralado
2 colheres (sopa) de farinha de amêndoa
1 a 2 colheres (chá) de melado de cana, xarope de bordo ou melado de tâmara (p. 54)
pimenta-do-reino moída na hora
1 colher (chá) rasa de sal rosa

Descasque e corte as bananas em pedaços.

Coloque as bananas em uma panela, cubra com água, sal rosa, 1 colher (sopa) de azeite e o sumo de limão. Cozinhe até que a banana esteja macia e a água tenha evaporado totalmente. Cuidado para não queimar.

Enquanto isso, doure a farinha de amêndoa em uma frigideira até começar a dourar levemente e a soltar o aroma. Passe o gengibre por um voal para tirar todo o sumo dele, descartando as fibras.

Assim que tirar a banana da panela, bata-a no liquidificador junto com o azeite, o leite de coco (o mínimo para o purê ficar firme), o sumo de gengibre, o melado de cana, a farinha de amêndoa e a pimenta-do-reino moída na hora, até obter uma consistência homogênea e aveludada.

Mexa com um pão-duro, se necessário, para tirar o purê das laterais e ajudar a bater. Se necessário, coloque mais um pouco de leite para ajudar a chegar à textura certa. Se a banana não estiver madura, adoce um pouco mais e ajuste o sal se necessário.

Sirva quente e finalize com pimenta-do-reino moída na hora e ervas frescas.

SUBSTITUIÇÕES

- Substitua a banana por abóbora e coloque 1 pitada de canela, ou então por mandioquinha, substituindo o gengibre por molho pesto.

ALMOÇO NO CAMPO

COUVE-FLOR CREMOSA E CROCANTE

Rende: 6 porções
Tempo de preparo: 20 minutos
Tempo de forno: 40 a 60 minutos
Utensílios: liquidificador e assadeira

1 couve-flor média
⅓ de xícara (chá) de parmesão de amêndoa (p. 230)

Para o molho
200g de tofu firme e orgânico
½ xícara (chá) de água
¼ de xícara (chá) de azeite
2 colheres (sopa) de missô claro orgânico
4 colheres (sopa) de *nutritional yeast*
1 dente de alho ralado
1 colher (sopa) de polvilho doce
1 colher (chá) de pimenta-do-reino
1 colher (chá) de sal de especiarias

Higienize a couve-flor, lavando em água abundante, depois seque bem.

Se necessário, corte a parte de baixo para deixá-la reta, tomando cuidado para não soltar os floretes.

Tempere com azeite, sal de especiarias e pimenta-do-reino (lembre-se de virá-la para temperar bem o interior dela). Deixe descansar em temperatura ambiente.

Bata todos os ingredientes do molho até obter um creme liso, sem pedaços.

Preaqueça o forno a 190-200ºC.

Coloque na assadeira a couve-flor virada de cabeça para baixo e despeje o molho dentro dela, certificando-se de que ela está totalmente "recheada". Deixe marinar um pouco.

Tampe bem a couve-flor, de modo que todo o vapor fique preso dentro dela — se for usar papel-alumínio, faça antes uma camada de papel-manteiga, para que ele não encoste no alimento. Asse por aproximadamente 40 a 60 minutos (vai depender do tamanho dela — se for pequena, 30 minutos são suficientes).

Tire do forno e espete com um garfo para se certificar de que a couve-flor já está macia, mas não deixe ficar mole demais! Se já estiver no ponto, vire-a com delicadeza.

Se você tiver um refratário bonito e que possa ir ao forno, passe-a para ele com os floretes virados para cima. Polvilhe bastante parmesão de amêndoa por cima, formando uma crosta.

Volte para o forno sem tampar até gratinar, se você tiver essa função no seu forno. Deixe até dourar.

Sirva bem quentinha no refratário bonito ou num prato grande e raso e finalize com molho de tahine (p. 125).

TORTA DE MAÇÃ

Rende: 12 porções
Tempo de preparo: 40 minutos
Tempo de refrigeração: 6 horas
Utensílio: fôrma alta de 20 cm de diâmetro
com fundo removível

Para a base
1 xícara (chá) de farinha de amêndoa
1 ½ xícara (chá) de farinha de aveia sem glúten
⅓ de xícara (chá) de óleo de coco sem sabor
3 colheres (sopa) de melado de cana
½ colher (chá) de sal

Para o recheio
3 maçãs finamente picadas em cubos de 2 cm sem a casca
2 colheres (sopa) de manteiga de cacau ou óleo de coco sem sabor
1 colher (sopa) de açúcar de coco
2 colheres (chá) de canela em pó
1 pitada de noz-moscada em pó
1 pitada de cravo em pó

Para o creme
4 xícaras (chá) de castanha-de-caju hidratada (p. 264)
⅔ de xícara (chá) de manteiga de cacau ou óleo de coco sem sabor derretido
1 ½ xícara (chá) de suco de maçã
¾ de xícara (chá) de açúcar demerara orgânico pulverizado (p. 48)
½ colher (café) de sal rosa
1 colher (sopa) de sumo coado de limão
canela em pó para polvilhar

Base
Bata todos os ingredientes até obter uma mistura grudenta e homogênea.

Disponha em uma assadeira com fundo removível e untada com óleo de coco, suba a massa nas laterais e deixe-a com a espessura de uma bolacha maizena.

Coloque feijões sobre a massa para ela não quebrar.

Leve ao forno preaquecido a 180°C por aproximadamente 8 minutos, até dourar levemente. A massa endurece bastante quando esfria, então ela deve estar mais molinha ao sair do forno.

Recheio
Refogue os ingredientes do recheio até que a maçã esteja macia. Deixe esfriar um pouco e coloque sobre a massa já fria.

Creme
Descarte a água das castanhas. Bata ¼ das castanhas no liquidificador com os ingredientes líquidos. Vá colocando as castanhas aos poucos para ficar bem aveludado. No final, adicione o açúcar e o sal e continue batendo até ficar sem nenhum granulado e brilhando.

Montagem
Preaqueça o forno a 170°C.

Coloque o creme sobre o recheio e leve para assar por 25 minutos. Finalize polvilhando canela por cima do creme.

Leve para gelar por pelo menos 6 horas antes de servir. Finalize com fatias finas de maçã fresca (opcional) e salpique canela.

COMO EVITAR QUE A MASSA DA TORTA INFLE E RACHE?

Feijões ou outros grãos pesados, como grão-de-bico e favas, podem ser uma ótima alternativa para ajudar a pré-assar a sua torta sem que ela rache.

Disponha uma camada de feijões crus sobre a massa, uma quantidade suficiente para fazer peso e não deixar que ela suba. Algumas pessoas colocam papel dover ou manteiga entre os feijões e a massa, mas eu não vejo necessidade.

Essa dica, que aprendi com uma aluna, ajuda a pré-assar a massa, garantindo que ela fique bem crocante.

Tenho sempre um potinho de vidro com feijões na despensa e os reutilizo sempre que necessário.

DICA
- Veja mais informações sobre as texturas desta receita na página 264.

Cravo

Os cravos são os botões de uma flor de uma árvore nativa da Indonésia. Colhidos manualmente quando ainda estão verdes ou rosados, são secos ao sol até ganhar sua cor escura. Seu aroma é doce e forte e devem ser usados em pequenas quantidades. No Brasil, está ao lado da canela em todas as compotas e doces de frutas. Combina com ingredientes que têm um gosto naturalmente terroso, como a batata-doce, a cenoura e a beterraba.

ALMOÇO NO CAMPO

BROWNIE DE CHOCOLATE

Rende: 6 porções
Tempo de preparo: 15 minutos
Tempo de forno: 10 minutos
Utensílio: fôrma retangular de aprox. 10 cm × 15 cm

1 xícara (chá) de açúcar de coco pulverizado (p. 48)
1 colher (sopa) de cacau em pó
1 colher (sopa) de linhaça dourada moída
2 colheres (sopa) de fécula de batata
2 colheres (sopa) de farinha de arroz
2 colheres (sopa) de farinha de amêndoa
⅓ de xícara (chá) de leite de castanha
ou outro leite vegetal em temperatura ambiente
140g de chocolate 70% cacau derretido
1 colher (café) de vinagre de maçã
½ colher (sopa) de fermento (ver a seguir)
½ colher (café) de sal rosa

Para finalizar (opcional)
gotas de chocolate
nozes-pecãs levemente torradas
flor de sal

Preaqueça o forno a 210ºC.

Coloque a farinha de linhaça em um pote com 3 colheres (sopa) de água e aguarde 15 minutos, até formar um gel.

Passe por uma peneira o açúcar, as farinhas, o cacau e o fermento.

Com o leite vegetal em temperatura ambiente, acrescente o vinagre e o gel de linhaça e misture bem com um fouet.

Rale o chocolate e derreta-o em banho-maria, mas retire antes que derreta por completo. Incorpore ao leite, que deve estar em temperatura ambiente. Acrescente o sal, as farinhas e o açúcar e continue mexendo sempre. Se desejar, adicione os ingredientes da finalização.

Coloque em uma fôrma untada com óleo de coco e cacau e leve para assar por 10 minutos a 210ºC. O meio deve ficar bem molinho, e a parte de cima, crocante.

Deixe esfriar e corte em quadrados.

FERMENTO "QUÍMICO" CASEIRO
Esta receitinha deve ser utilizada no lugar do fermento químico comprado pronto. Pode ser armazenado bem fechado por até 30 dias!

1 colher (sopa) de bicarbonato de sódio
2 colheres (sopa) de cremor de tártaro
2 colheres (sopa) de fécula de batata

Misture bem todos os ingredientes e conserve na geladeira, em pote hermeticamente fechado.

PIQUENIQUE

Piquenique é um programa que traz uma memória muito forte de viagens especiais que fiz por aí. Sempre que viajo para um lugar novo, dedico pelo menos um dia a esse ritual... Primeiro exploro os produtores e os mercadinhos locais com ingredientes típicos da região e depois escolho um lugar acolhedor e cheio de natureza.

Neste capítulo você vai embarcar nessas viagens comigo e encontrar tanto receitas que funcionam bem sozinhas como sugestões de combinações para esse programa tão único.

PIQUENIQUE

GOLDEN MATCHÁ

Rende: 4 porções
Tempo de preparo: 5 minutos

O golden matchá nasceu de uma variação do ma-sala chai. O kashmiri chai substitui o chá preto por folhas de chá verde e, embora as especiarias utilizadas sejam as mesmas, especialmente o cardamomo, sua composição é mais sutil.

Além disso, acrescenta-se um toque de pistache a esse garam masala.

Então, por que não unir o melhor de dois mundos e fazer um kashmir matcha masala chai?

2 colheres (sopa) de matchá
½ colher (sopa) de cúrcuma
½ colher (sopa) de canela em pó
¼ de colher (sopa) de cardamomo em pó
1 pitada de noz-moscada

Misture todos os ingredientes. Se não tiver todos em pó, moa em pilão ou moedor de especiarias.

Matchá

O matchá é o mais nobre dos chás. Ele é o broto do chá verde, que é cultivado com muito cuidado, seco e depois moído. Durante o cultivo, suas folhas são cobertas para não receberem luz solar direta.

Esse procedimento desacelera o crescimento, estimula o aumento nos níveis de clorofila, deixa as folhas com uma cor verde mais escura e causa a produção de aminoácidos.

É um alimento extremamente alcalino e tem alto valor antioxidante e termogênico, além de melhorar as funções cerebrais.

GOLDEN MATCHÁ LATTE

Rende: 4 porções
Tempo de preparo: 5 minutos
Utensílio: liquidificador

750 ml de leite de coco
1 a 3 colheres (sopa) do adoçante natural de sua preferêcia
½ a 1 colher (sopa) rasa de golden matchá ou matchá tradicional
1 pitada de sal rosa

Bata todos os ingredientes e leve para aquecer se desejar. Apague o fogo antes de levantar fervura para manter as propriedades do matchá.

VIAGEM
Califórnia

Para quem busca criatividade e inspiração na culinária, a Califórnia é uma ótima parada. De lá tirei muitas ideias legais, que acabaram se tornando meu curso mais pedido em 2019.

A viagem foi uma delícia! Eu e o maridão conhecemos muitos dos restaurantes veganos e descolados da região.

Ficamos em um apartamento, vivendo a vida local, e minha rotina matinal era fazer ioga e tomar matchá em um "bar" de matchá, onde todas as preparações levavam esse ingrediente. O que mais ganhou meu coração foi o matchá latte. Nada como algo quentinho pela manhã para aquecer nosso coração!

CAFÉ COADO NO CHÁ DE CANELA

Rende: 4 porções
Tempo de preparo: 5 minutos
Tempo de cocção: 10 minutos

Demorei muitos anos para começar a gostar de café, e foi o da Sylvinha que despertou esse amor.

Hoje a bebida faz parte do meu dia a dia, mas com moderação. Às vezes consumo diariamente, às vezes fico um tempo sem e substituo por matchá, mas é impossível vir para o Espelho e não passar para filar o restinho do café da Sylvinha.

Aqui sugiro as minhas proporções, já que por lá as receitas são feitas a olho. A quantidade de canela vai a gosto do freguês.

> 30 a 50 g de canela em pau
> 1 litro de água
> ¼ a ½ xícara (chá) de café moído na hora

Ferva a água, adicione os paus de canela e deixe ferver até reduzir a água pela metade.

Moa o café e passe no chá de canela. Sirva salpicando um pouco de canela em pó.

Canela

A canela em pau é usada em cozimentos longos, já a versão em pó dá sabor instantâneo às receitas. Tradicionalmente usada em chás, bebidas de inverno, receitas doces e com frutas, é ingrediente obrigatório na composição de muitos temperos doces e salgados. Sim, a canela fica excelente em receitas salgadas com inspiração indiana ou marroquina. Faz parte da mistura das cinco especiarias chinesas, do garam e do chai masala, do tempero sírio e do pumpkin pie, só para citar alguns.

VIAGEM
Praia do Espelho (BA)

A linda praia do Espelho, que agora é meu refúgio — numa casinha escondida pelo mangue — e que serviu de inspiração para escrever cada uma das páginas deste livro, ganhou meu coração dezesseis anos atrás!

Junto com ela, o aroma, as texturas e os sabores do meu programa e lugar favorito por lá, o restaurante da Sylvinha. A experiência começa com um simples chapati, quase sempre acompanhado por um molho de tahine com missô. Já na primeira mordida você percebe que a magia naquela comida — um leve toque de erva-doce quase imperceptível, mas que faz toda a diferença.

Por trás de chutneys, purês, legumes, molhos, lentilhas, arroz com cúrcuma e o peixe do dia, que compõem um verdadeiro banquete, existem muitas viagens e histórias que inspiraram essa mulher tão incrível, que largou tudo em São Paulo há mais ou menos quarenta anos e caminhou por dias até chegar a esse paraíso — que na época era "só dela".

Já falei algumas vezes, mas ela não imagina quão inspiradora é para mim. Ganhei uma grande amiga e contadora de histórias.

E vivam os encontros!

PIQUENIQUE

DIVINA GRANOLA

Rende: 5 xícaras (chá)
Tempo de preparo: 10 minutos
Tempo de forno: 40 minutos
Utensílios: 2 assadeiras grandes

A granola do Teco, da fazenda São Francisco, na Bahia, com floquinhos de tapioca (que trazem leveza e textura), ganhou meu coração. Trago aqui a minha versão!

½ xícara (chá) de castanha-de-caju crua
½ xícara (chá) de amêndoas laminadas
1 xícara (chá) de flocos de arroz
1 ½ xícara (chá) de flocos de aveia sem glúten
1 xícara (chá) de tapioca flocada
½ xícara (chá) de açúcar de coco ou demerara pulverizado (p. 48)
½ xícara (chá) de óleo de coco
1 colher (sopa) de azeite
2 colheres (sopa) de melado de cana
3 colheres (sopa) de lascas de coco (opcional)
½ colher (chá) de sal rosa
½ colher (chá) de canela
½ colher (chá) de cacau em pó
1 pitada de noz-moscada
Raspas de limão ou laranja

Opcionais para finalizar
½ xícara (chá) de tâmaras cortadas em tiras finas
1 a 3 colheres (sopa) de nibs de cacau (opcional)
1 colher (café) de flor de sal

Preaqueça o forno em temperatura baixa (160°C).

Pré-asse por 5 minutos as castanhas até que elas dourem levemente. Faça o mesmo com as amêndoas, porém deixe por 3 minutos. Reserve-as em um recipiente frio.

Reserve a tapioca em uma tigela. Coloque a aveia, flocos de arroz e castanhas em outra tigela, adicione o óleo de coco e massageie por 1 minuto, para incorporar bem. Acrescente a amêndoa laminada e incorpore com delicadeza. Misture os demais ingredientes, mexendo com uma espátula, deixando a tapioca para o final (cuidado, porque ela é bem delicada). Disponha em 2 assadeiras amplas.

Leve ao forno por aproximadamente 30 minutos, mexendo a cada 5 minutos.

Retire a assadeira do forno e transfira para outra assadeira fria. Deixe esfriar.

Incorpore os ingredientes da finalização e guarde a granola em um recipiente com tampa por no máximo 30 dias.

DICAS
• Divida em mais de um pote, para manter a granola fresca e crocante.

• Não se prenda aos ingredientes que não tiver em casa e substitua pelos que tiver. Castanhas, sementes, flocos... use sua imaginação!

PIQUENIQUE

TAPIOCA RAIZ (RÖSTI DE MANDIOCA)

Rende: 4 porções
Tempo de preparo: 10 minutos
Utensílios: ralador e frigideira antiaderente

Esta receitinha simples, ótima para o dia a dia, vai muito bem no lugar do pão. A tapioca raiz, diferente da tradicional, é cheia de nutrientes e sacia tanto a ponto de poder substituir uma refeição.

Você pode fazê-la fermentada ou não. Se optar pela fermentação, vai torná-la mais nutritiva, macia e ainda vai acentuar um leve azedinho que lembra um pouco o sabor do queijo.

- 1 mandioca descascada e ralada (no ralador médio)
- 3 colheres (sopa) de azeite
- 2 colheres (café) de sal rosa
- 1 colher (chá) de açafrão-da-terra
- 1 colher (chá) de chia (opcional)
- 1 pitada de orégano (opcional)

Descasque a mandioca e rale.

Se desejar fazer a fermentação, coloque em um recipiente de vidro, tampe e deixe de 12 a 48 horas fechada fermentando em um ambiente fresco. Se o dia estiver quente, deixe por menos tempo, mas fique atento e mexa de vez em quando.

Se não desejar fermentar, deixe descansando por pelo menos 30 minutinhos antes de temperar. Acrescente cúrcuma, azeite, sal, orégano e outros temperos a gosto.

Unte uma frigideira com azeite ou óleo de coco. Abra a massa sobre ela, sem apertar muito, até cobrir a frigideira toda.

Tampe, leve ao fogo médio-baixo e espere dourar. Destampe, deixe secar para soltar da frigideira, vire e repita o mesmo processo.

Corte em triângulos, como uma pizza. Você também pode fazer minitapiocas numa frigideira grande; basta abrir vários discos um ao lado do outro.

DICA
- Esta preparação aguenta bem 5 dias na geladeira, então é ótima para semanas mais corridas. Tempere a mandioca no começo da semana e vá aquecendo ao longo dos dias.

VIAGEM
Amazônia

Sempre tive curiosidade de conhecer alguma cultura indígena, e passar um tempo na aldeia Shane Kaya, no Acre, aprendendo sobre as medicinas da floresta, foi transformador.

Mas o que mais me fascinou na culinária desse povo foi a diversidade de receitas que se fazem a partir de um mesmo ingrediente: a mandioca, por exemplo, origina a farinha, a tapioca, os polvilhos e também preparações como a puba e o cauim.

Trago aqui uma receita que me conquistou desde a primeira mordida, como meu amigo, chef Enzo Martin.

AÇAÍ BOWL

Rende: 4 porções
Tempo de preparo: 10 minutos
Tempo de refrigeração: 4 horas

1 ½ xícara (chá) de polpa de açaí orgânico, sem açúcar e congelada
1 ½ xícara (chá) de banana picada e congelada
¼ a ½ xícara (chá) de leite vegetal
¼ a ⅓ de xícara (chá) de melado de tâmara (p. 54)
ou outro adoçante natural de sua preferência
1 colher (café) de maca peruana (opcional)
1 pitada de sal

Descasque as bananas maduras, pique-as e leve para gelar por pelo menos 4 horas.

No liquidificador, disponha o leite vegetal, o melado de tâmara, a pitada de sal, metade das bananas e metade do açaí e bata até obter um creme. Junte o restante das bananas e do açaí e bata até ficar homogêneo. Incorpore a maca peruana, se for utilizá-la, e ajuste o sabor doce.

Sirva imediatamente ou deixe no freezer até a hora de servir.

Finalize com granola, nibs de cacau, lascas de coco e rodelas de banana.

DICA

• Sempre que tiver bananas maduras e não for consumi-las, pique e congele, pois elas são uma ótima base para adicionar cremosidade a smoothies, açaís e sorvetes.

Maca peruana

Tubérculo originário da Cordilheira dos Andes, a maca peruana é uma planta cujo formato se assemelha ao de um rabanete. Sua raiz é utilizada há bastante tempo na medicina e na culinária, mas ganhou mais destaque devido a suas diversas propriedades, como o aumento da libido, além de ser energética e benéfica para imunidade.

A maca geralmente é seca e consumida em forma de pó e é superversátil e com sabor levemente marcante. Ela é uma ótima alternativa para suplementar sucos, vitaminas e açaís.

PIQUENIQUE

MOLHO DE TAHINE

Rende: 4 porções
Tempo de preparo: 10 minutos

Tahine é bom de qualquer jeito — aliás, minha nossa, o tahine de Israel é surreal, com textura e sabor inigualáveis!

Ainda bem que a Rô é daquelas que trazem a casa junto quando viajam, e sempre me mima com ingredientes de lá!

Dica para quem for para aqueles lados: traga potinhos de tahine e zaatar para mim!

- ½ xícara (chá) de tahine claro e suave
- ¼ a ½ xícara (chá) de água (vai depender da textura do tahine)
- 1 a 2 colheres (sopa) de melado de tâmara (p. 54), de cana ou açúcar de coco
- 1 a 3 colheres (sopa) de sumo coado de limão
- 2 colheres (sopa) de shoyu
- 5 a 10 gotas de tabasco (opcional)
- 1 colher (café) de alho em pó ou pasta de alho (p. 22)
- 1 pitada de sal

Coloque todos os ingredientes do molho em um pote com tampa e mexa até incorporar bem. Leve para gelar antes de servir.

SUBSTITUIÇÕES
- Substitua o shoyu por missô ou sal.
- Use pasta de amendoim ou de amêndoa no lugar do tahine.
- Troque o sumo de limão por sumo de laranja ou vinagre de maçã

DICAS
- Amo fazer molhos em potinhos de vidro que muitas pessoas acabam descartando. Basta colocar tudo lá dentro e chacoalhar, e o molho estará pronto para o que der e vier: consumir, refrigerar ou transportar! Esse esquema é ideal para levar no lanchinho da tarde. Corte palitinhos de cenoura, coloque dentro do pote (já com o molho), rosqueie e pronto! Viva a criatividade!

SALPICÃO

Rende: 4 porções
Tempo de preparo: 20 minutos

Para a salada
- ½ xícara (chá) de cenoura finamente ralada
- ½ xícara (chá) de tofu defumado finamente ralado (p. 150)
- ½ xícara (chá) de milho fresco cozido na água com sal (aprox. 1 espiga)
- 2 colheres (sopa) de aipo (salsão) em cubos de 1 cm
- ¼ de maçã verde em cubinhos
- 1 ½ colher (sopa) de uvas-passas cortadas ao meio
- 2 colheres (sopa) de cebola roxa em cubinhos deixada de molho em água gelada por 30 minutos
- ⅓ de xícara (chá) de salsinha finamente picada
- ⅓ de xícara (chá) de cebolinha-francesa finamente picada

Para o creme
- ½ porção de quionese (ver ao lado)
- sumo coado de ½ limão
- 1 colher (sopa) de melado de tâmara (p. 54), de cana ou açúcar de coco
- 1 colher (sopa) de azeite

Pique todos os ingredientes, mas deixe a maçã verde por último — apenas quando já tiver incorporado o creme do salpicão.

Misture todos os ingredientes da salada em uma vasilha e adicione a maionese aos poucos.

Coloque em um recipiente fechado e deixe gelar e descansar por pelo menos 3 horas antes de montar os sanduíches ou servir.

VIAGEM
Peru

Viajar para o Peru mexeu demais comigo, pois por si só esse país já é uma terra cheia de magia.

Fui acompanhada de vinte incríveis mulheres durante um retiro da DanzaMedicina em um festival com *abuelitas* (mulheres sábias) de toda a América Latina. Você pode imaginar o que germinou nessa vivência!

Voltei de lá com uma conexão muito forte com a natureza e certa que de dali em diante teria que passar mais tempo perto dela.

Vinte dias depois que voltei, uma linda casinha havia "caído no meu colo", e lá fui eu para a Bahia sem data para voltar. E ainda tem gente que não acredita na força do pensamento!

Trouxe aqui duas receitas criativas feitas com os alimentos que mais comia por lá: quinoa e milho!

PIQUENIQUE

QUIONESE
(MAIONESE DE QUINOA)

Rende: 1 xícara ou 4 porções
Tempo de preparo: 20 minutos
Utensílio: processador de alimentos

¼ de xícara (chá) de quinoa branca lavada duas vezes
½ a ¾ de xícara (chá) de água quente
¼ de xícara (chá) de azeite
2 colheres (sopa) de mostarda de Dijon
½ dente de alho sem miolo ralado
ou 1 colher (chá) de pasta de alho
½ colher (chá) de sal de especiarias
½ colher (chá) de sal rosa
½ colher (sopa) de melado de tâmara (p. 54), de cana ou açúcar de coco
½ colher (sopa) de sumo coado de limão
ou vinagre de maçã
⅓ de colher (chá) de sal negro moído na hora (p. 186) (opcional)

Lave bem a quinoa e cozinhe com sal e um fio de azeite por 15 minutos. Descarte a água e coloque os grãos ainda bem quentes no liquidificador.

Adicione os demais ingredientes e bata até obter uma textura bem aveludada e lisa.

SUBSTITUIÇÃO
• Use tofu no lugar da quinoa. Nesse caso, coloque menos água.

DICAS
• Use sempre a quinoa branca nesta receita, pois é mais leve e fácil de dar textura.

• Adicione ervas frescas para agregar sabor e cor.

• A maionese endurece bem quando esfria; então deixe o ponto um pouco mais mole.

• Se for usar a maionese para o salpicão, deixe mais firme, pois o salpicão solta água e a amolece. Se adicionar mais água para preparar uma maionese para comer em outras preparações, lembre-se de acertar os temperos.

Quinoa

Esse grãozinho chamado pelos incas de "mãe de todos os grãos" era para eles uma planta sagrada. O imperador inca era quem todos os anos semeava os primeiros grãos, usando um utensílio de ouro.

Uma ótima opção para substituir arroz, trigo e cuscuz em risotos e tabules e também ótima base para *crostini*, pastas e massas de torta por seu extraordinário valor nutritivo.

Há três tipos mais conhecidos e encontrados com facilidade: a branca, a vermelha e a negra. No entanto, existem mais de 3120 variedades, conservadas por quéchuas e aimarás.

PIQUENIQUE

CLUB SANDWICH

Rende: 4 sanduíches
Tempo de preparo: 5 minutos

1 porção de salpicão (p. 126)
8 fatias de pão de fôrma saudável
16 folhas de alface-americana fresca
2 tomates em fatias finas (8 fatias)

Tempere o tomate com azeite e reserve.

Tempere a alface-americana com azeite e sal e reserve.

Coloque 1 fatia do pão sobre um prato, divida o salpicão em 4 porções e espalhe 1 porção sobre o pão. Coloque 1 fatia de tomate fina e 2 folhas de alface.

Corte ao meio, formando 2 triângulos, e coloque palitinhos para firmar.

Mantenha em lugar fresco até a hora de servir.

VIAGEM
Colorado

Quando pequena, as viagens em família eram sempre para a praia, para passar o Ano-Novo, e, em seguida, embarcávamos para uma estação de esqui. Sorte a minha ter começado esse esporte pequena, porque é como andar de bicicleta: nunca se esquece!

Confesso que hoje em dia já não é dos meus programas favoritos, porque junto com a idade veio a cautela. Hoje em dia não gosto de me colocar em risco, mas quando era pequena descia feito um foguete com um gorrinho de diabinho vermelho que tenho até hoje. Ninguém me segurava! Hoje gosto de esquiar um pouquinho, e adoro também o pré e pós-esqui: ioga e alongamentos pela manhã, poucas horinhas descendo com bastante tranquilidade e uma paradinha na montanha para almoçar, tomar um vinho tinto e apreciar a vista. O final, depois que a montanha já fechou e todos desceram, é a melhor hora: é quando você coloca os esquis e desce a pista deserta com o pôr do sol.

Essas viagens eram tão intensas que ao final do dia estava exausta. Eu só queria tirar as botas, tomar um banho quente e pedir um *club sandwich* no quarto, para fechar o dia e cair no sono.

Como eram gostosas essas viagens só nós quatro, eu, papai, mamãe e a Dri, minha irmã. Morro de saudade dessa fase da vida.

PIQUENIQUE

SPRING ROLL

Rende: 4 porções
Tempo de preparo: 15 minutos
Tempo de marinada: 20 minutos

Divertido, nutritivo e muito saboroso, o *spring roll* é uma ótima alternativa para um brunch, um almo-ço ou até para receber os amigos em casa. Brinque com os recheios e, na hora de hidratar as folhas de arroz, use uma marinada feita de beterraba para sair do básico.

4 folhas de arroz
¼ de xícara (chá) de chèvre (p. 200), ricota de amêndoa (p. 56)
ou outra pasta de sua preferência
1 avocado grande
1 tomate
½ cenoura pequena em tiras finas
½ beterraba em tiras finas
¼ de xícara (chá) de amendoim torrado
1 xícara (chá) de brotos de alfafa
1 colher (chá) de pasta de wasabi (opcional)
sumo coado de 1 limão
óleo de gergelim cru, para finalizar
molho picante de amendoim (p. 132) para acompanhar

Opcional para colorir o rolinho
¼ de beterraba
1 xícara (chá) de água
1 colher (chá) de sal

Para a marinada, bata a beterraba com a água e de-pois passe por uma peneira bem fina para eliminar os pedaços. Hidrate as folhas nesse líquido.
Deixe todos os ingredientes separados e já cortados.

Para agregar sabor, tempere a cenoura e a be-terraba com azeite e sal ou shoyu e reserve por 5 a 20 minutos. Corte o tomate em rodelas e depois em meia-lua.

Tempere o avocado com azeite, sal, páprica de-fumada e limão.

Coloque água morna em um refratário amplo e mergulhe a folha de arroz até amolecer, porém não totalmente.

Disponha a folha de arroz em uma tábua leve-mente úmida.

Recheie somente no meio, deixando as bor-das livres. Coloque os ingredientes na seguinte or-dem: cenoura, beterraba, tomate, avocado, chèvre e amendoim. Finalize com o wasabi (opcional) e um pouquinho do molho.

Enrole a folha de arroz. Quando passar a pon-ta da folha pela metade e cobrir o recheio, vire as bordas para dentro e continue enrolando como um charutinho. Feche bem e passe um pouco de óleo de gergelim em torno dos rolinhos para que não grudem uns nos outros.

Corte ao meio e coloque em um refratário com tampa, lado a lado, para ajudar no transporte (caso necessário). Monte sobre um prato redondo, for-mando um círculo com os rolinhos, ou disponha-os lado a lado.

Sirva com molho picante de amendoim.

MOLHO PICANTE DE AMENDOIM

Rende: 4 porções
Tempo de preparo: 10 minutos
Utensílio: processador de alimentos

⅓ de xícara (chá) de pasta de amendoim
⅓ de xícara (chá) de shoyu sem glutamato
1 colher (sopa) de óleo de gergelim cru
2 colheres (sopa) de gengibre fresco
1 a 2 dentes de alho ralados sem miolo
ou 2 colheres (sopa) de pasta de alho (p. 22)
¼ de xícara (chá) de melado de tâmara (p. 54) ou açúcar de coco
¼ de xícara (chá) de vinagre de maçã
1 pitada de pimenta calabresa em flocos
água a gosto

Pique o gengibre e o alho em um processador. Acrescente o shoyu, o óleo de gergelim, o mel, o vinagre, a pasta de amendoim, o tahine e a pimenta calabresa. Bata até obter uma mistura cremosa e homogênea, adicionando água aos poucos se achar necessário.

VIAGEM
Laos e Tailândia

Essa viagem sem dúvida foi muito marcante para mim. Além de extremamente inspiradora no mundo gastronômico, foi superespecial para meu casamento.

Sinto que essa viagem nos reconectou em diversos sentidos, e um deles foi a culinária, que despertou um grande encantamento em ambos e aproximou o paladar do Jotinha do meu universo. Sou extremamente grata!

Folha de arroz

O papel ou folha de arroz é superversátil e uma ótima opção para uma refeição leve e refrescante.

É uma boa pedida também para quem gosta de inovar na cozinha e surpreender os amigos com um prato inusitado.

Ele é fácil de manusear e versátil, pois pode ser usado para preparar o rolinho vietnamita, que é frio e leva inúmeros recheios, ou para preparar rolinho primavera tailandês, frito e recheado com legumes e queijo.

Depois de hidratadas, as folhas de arroz ficam com uma coloração transparente esbranquiçada que garante a visibilidade do recheio. Escolha ingredientes coloridos para deixar os rolinhos ainda mais bonitos e divertidos.

PIQUENIQUE

SALADA DE TOMATE E PEPINO

Rende: 4 porções
Tempo de preparo: 10 minutos

Colocar tomate dentro dos sanduíches foi algo de que sempre gostei. Agora, picadinho feito uma saladinha grega e bem temperado, vou contar que gostei mais ainda, e já aderi!

3 tomates italianos sem sementes picados em cubos pequenos (de 1,5 cm) ou 15 tomates-cereja em rodelas
½ pepino pequeno sem casca picado em cubos pequenos (1,5 cm) ou em rodelas finas
1 colher (chá) de orégano
3 colheres (sopa) de azeite
1 colher (chá) de sal rosa
1 pitada de sal de especiarias
bastante pimenta-do-reino moída na hora
vinagre balsâmico (opcional)

Coloque o tomate e o pepino em um bowl, tempere com os demais ingredientes e ajuste os temperos.

PIQUENIQUE

LÂMINAS DE BERINJELA DEFUMADA AO MISSÔ

Rende: 4 porções
Tempo de preparo: 10 minutos
Tempo de cozimento: 10 minutos
Tempo de descanso (opcional): 30 minutos
Utensílio: frigideira com tampa

Elas caem superbem no sanduíche, para fazer lasanhas, rolinhos ou para complementar uma salada.

1 berinjela média
2 colheres (sopa) de missô
1 a 2 colheres (sopa) de melado de tâmara
(p. 54) ou de cana
4 colheres (sopa) de azeite
1 colher (chá) de alho em pó
2 colheres (chá) de páprica defumada
1 colher (chá) de fumaça líquida (p. 162)
1 colher (chá) de sal marinho

Corte a berinjela ao meio longitudinalmente.

Use uma faca afiada para cortá-la em tiras finas com 1 cm. Se a berinjela for muito grande, corte-a ao meio.

Deixe os pedaços de molho em uma bacia com água e sal por 15 a 30 minutos — quanto mais tempo, mais macia ela ficará.

Faça o molho incorporando todos os outros ingredientes.

Escorra a água das tiras e seque-as com papel-toalha.

Use um pincel (ou uma colher) para pincelar bem os dois lados das fatias de berinjela com o molho. Coloque uma sobre a outra, para que o tempero incorpore bem, e deixe descansar por 15 minutos.

Aqueça um fio de azeite em uma frigideira e disponha as berinjelas em uma única camada, sem que uma fique muito perto da outra. Deixe no fogo médio-baixo, tampe e deixe cozinhar por aproximadamente 3 minutos. Acrescente um pouco de água, se necessário, para que não sequem e fiquem bem macias. Aumente o fogo e deixe dourar. Vire as berinjelas e faça o mesmo processo do outro lado — elas devem ficar bem macias por dentro e douradas por fora.

Asse por 20 a 30 minutos, até ficarem douradas.

Use-as ainda quentes no recheio do sanduíche de pão pita.

DICAS

• Utilize as tiras de berinjela para preparar rolinhos recheados com ricota (p. 56) ou coalhada (p. 60).

• Você pode ainda servir frias na salada ou colocar em um refratário, cobrir com molho de tomate e parmesão de amêndoas e levar para assar.

PIQUENIQUE

SANDUÍCHE NO PÃO PITA

1 pão pita
Lâminas de berinjela defumada ao missô
   (p. 134) a gosto
salada de tomate e pepino (p. 133) a gosto
molho de tahine (p. 125) a gosto
azeite com zaatar (p. 53) a gosto
homus (p. 64) a gosto
avocado ou abacate a gosto
brotos a gosto

Corte o pão pita pela metade. Se ele for muito fino e grande, você pode dobrá-lo ao meio.

Passe o homus em uma das laterais do pão, e na outra passe o molho de tahine.

Corte o avocado, tempere com limão, azeite e sal e coloque sobre o homus.

Adicione as fatias de berinjela, a saladinha de tomate e pepino e os brotos.

Por fim, regue com o azeite com zaatar.

Homus
Nas páginas 64, 66, 68 e 70 há várias sugestões de homus, como o de beterraba, que pode ser feito com abóbora-japonesa, cenoura ou ainda da forma tradicional, apenas com grão-de-bico. Qualquer um deles vai cair superbem nessa preparação.

Azeite com zaatar
Basta colocar um pouquinho de azeite e 1 pitada de sal no seu zaatar. Pronto!

Tahine

O tahine, ingrediente muito utilizado na culinária árabe que está presente em muitas das minhas preparações, é uma pasta feita de gergelim. Ingredientes? Gergelim. AMO olhar o rótulo dos alimentos e ver apenas um item.

Ele é riquíssimo em cálcio: foi um dos primeiros superalimentos que introduzi na minha vida assim que descobri minha osteopenia e comecei a pesquisar mais sobre a cura através da nutrição.

Há diversas marcas no mercado, porém algumas delas têm um gosto mais marcante e amargo que pode levar uma receita por água abaixo. Muitas vezes esse sabor é causado pela casca da semente, então gosto de escolher os tahines mais clarinhos, que não são integrais, por terem sabor e textura mais suaves.

VIAGEM
Barcelona

Em 2019 tive a oportunidade de conhecer mais de perto a religião judaica. Fui para Barcelona passar alguns dias na casa de uma querida amiga, a Roberta, e fiquei bastante encantada com os rituais — e principalmente com a comida.

Para eles, tudo tem um significado: existe um respeito muito grande pelo alimento — e isso faz todo o sentido para mim.

Sexta-feira é dia de sabá: são 24 horas sem utilizar o fogo ou mexer em qualquer coisa que tenha energia elétrica. Depois de dois dias de preparações na cozinha, é hora de agradecer e, é claro, desfrutar.

Meu Deus, quantas delícias! Para abrir o dia, começamos com uma mesa farta, onde cada um recheava seu pão pita como bem entendesse — homus, berinjela, saladinha de tomate, molho de tahine, zaatar, brotos e ovos cozidos com chá verde por mais de 12 horas no fogo baixo.

Beteavon!

PIQUENIQUE

BOLINHO GELADO DE BANANA, CACAU E BARU

Rende: 8 porções
Tempo de preparo: 30 minutos
Tempo de geladeira: 4 horas
Utensílios: processador de alimentos, refratário
de 10 cm × 20 cm e papel dover

½ xícara (chá) de banana-passa
¼ de xícara (chá) de tâmaras medjool
⅓ de xícara (chá) de castanha de baru
⅓ de xícara (chá) de farinha de amêndoa
⅓ de xícara (chá) de chocolate 70% picado
1 colher (sopa) de óleo de coco
ou manteiga de cacau
½ colher (café) de canela
½ colher (café) rasa de sal marinho

Pique as tâmaras em pequenos cubos. Se elas forem mais secas, hidrate com um pouco de água fervente (apenas o suficiente para cobrir) por 20 minutos.

Leve a farinha de amêndoa na frigideira ao fogo baixo até dourar. Tire imediatamente e coloque em um recipiente frio.

Descarte a água das tâmaras e aperte para sair qualquer excesso, caso você tenha hidratado.

No processador, bata rapidamente as castanhas de baru, deixando pedaços menores. Adicione os demais ingredientes, com exceção do chocclate, e bata até virar uma massinha. Se preferir, pode deixar alguns pedaços maiores de castanha.

Incorpore o chocolate e amasse bem com as mãos. Se não estiver dando liga, bata mais um pouco no processador.

Corte o papel dover na largura da base do refratário. Deixe sobrar papel nas laterais para facilitar na hora de desenformar.

Espalhe a massa e aperte bem para firmar, nivelando a altura. Deixe gelar por pelo menos 4 horas.

Tire da fôrma, corte em quadrados e volte para a geladeira. Mantenha refrigerado por até 2 semanas e congelado por até 2 meses.

Castanha de baru

Castanha do cerrado brasileiro, tem um sabor suave e menos acentuado do que o do amendoim.

É um fruto pequeno e com casca superdura cujas sementes podem ser usadas para substituir qualquer outro tipo de oleaginosa. Sua polpa, com sabor adocicado, traz uma doçura natural e uma textura bem interessante.

Chega a ser três vezes mais antioxidante do que a maior parte das castanhas e é riquíssima em fibras, cálcio, ferro, magnésio e zinco.

Use a castanha bruta, ou bata até virar farinha, em preparações como pestos, bolos, tortas, *crostini* e pães.

VIAGEM
Osho Lua — Chapada dos Veadeiros (GO)

Eu, minhas viagens e minhas transformações...

Se tiver de escolher um lugar que realmente transformou a minha vida, sem dúvida foi o Osho Lua.

Estava começando a me interessar pelo mundo da alimentação por questões de saúde, e caí de "paraquedas" no meu primeiro retiro. Foram dez dias sem energia elétrica, em um vale cercado por muitos quilômetros de mata fechada e, graças a Deus e à Si — cozinheira de lá —, muita comida gostosa!

Estava com 27 anos, entrando no retorno de Saturno... veio tudo de uma vez. Que alegria, que transformação! Voltei de lá simplesmente apaixonada pelo universo de sabores e aromas que a Si me despertou.

CHURRASCO

Quem acha que churrasco vegano é sinônimo de legumes grelhados, sem gosto e textura, vai se surpreender. Neste capítulo, vou abrir um leque de possibilidades que vão agradar de veganos até os maiores carnívoros de plantão.

Todas as preparações caem muito bem em diversas ocasiões — seja um simples almoço, seja um jantar especial.

A simplicidade pode ser surpreendente. Com alguns truques, qualquer preparação simples, como alho assado ou espetinho de legumes, pode se transformar em algo incrível.

Muitas das preparações deste capítulo ficam mais gostosas depois de um tempo marinando. Então, aproveite a semana para ir organizando alguns pré-preparos e ganhar tempo e sabor no seu churrasco. Além de tudo, eles podem servir de base e inspiração para as refeições no decorrer da semana.

Quando o fim de semana chegar, você só vai precisar se preocupar com as finalizações e poderá curtir e se deliciar com seu churrasco vegano.

Nada como organização. E vivam os pré-preparos!

SHOT

IMMUNITY BOOSTER

Churrasco muitas vezes é sinônimo de exageros, não é mesmo? Ainda mais quando abrimos um leque de possibilidades como eu estou fazendo aqui!

Preparei para você um shot que adoro tomar quando preciso dar um up na minha imunidade. Ele é supergostoso e ainda ajuda na digestão.

Tome antes de começar a farra e a comilança e sirva também para os amigos.

    200 ml de sumo coado de laranja
    60 ml de sumo coado de limão
    ¼ de xícara (chá) de gengibre sem casca ralado
    1 colher (sopa) de melado de cana
    2 colheres (café) de cúrcuma em pó
ou 1 pedacinho da raiz
    1 pitada de pimenta-do-reino
    1 pitada de equinácea em pó (opcional)

Bata todos os ingredientes em um liquidificador. Coe com um voal antes de servir.

DICA
- Faça com algumas horas de antecedência e sirva bem geladinho se for tomar para abrir o apetite ou dê uma pequena aquecida caso esteja começando a se resfriar.

Equinácea
A equinácea é uma planta medicinal. Também conhecida como flor-de-cone, púrpura ou rudbéquia, é muito utilizada como remédio caseiro no tratamento de gripes e resfriados.

Seu nome científico é *Echinacea purpureae* e pode ser comprada em lojas de produtos naturais, feiras livres e farmácias de manipulação na sua forma natural ou em alguns supermercados sob a forma de sachês.

CHIMICHURRI SECO

Tempero tradicional à base de salsa, o chimichurri é muito utilizado nos churrascos argentinos e uruguaios, mas também fica ótimo no churrasco vegano. Pode ser usado para marinar ou regar os ingredientes durante o preparo ou para temperar depois de pronto.

As receitas mais tradicionais levam apenas ervas, alho, cebola, pimenta, azeite e vinagre.

Uma das lendas sobre a história desse molho diz que ele foi inventado por um comerciante irlandês chamado Jimmy Curry e acabou virando chimichurri por causa do sotaque portenho. Verdade ou não, o que importa é que ele chegou até as nossas mesas.

Se preferir, você também pode dar seu toque especial, acrescentando azeitonas pretas, pimenta-biquinho, alcaparras ou tomate seco.

- 5 colheres (sopa) de cebola desidratada
- 5 colheres (sopa) de alho desidratado
- 5 colheres (sopa) de salsa desidratada
- 5 colheres (sopa) de pimentão vermelho em flocos ou páprica
- 5 colheres (sopa) de tomate seco em flocos
- 2 colheres (sopa) de orégano
- 1 colher (sopa) de manjericão
- 1 colher (chá) de mostarda em pó
- 1 pitada de noz-moscada

Misture tudo. Deixe em pedaços ou, se preferir, moa em um moedor de especiarias ou bata no liquidificador, mas apenas na hora de usar. Armazene em um vidro.

Pode ser salpicado em saladas, oleaginosas, sopas e molhos e acrescentado ao cozimento do arroz e da quinoa.

CHURRASCO

CASTANHAS COM CHIMICHURRI

Rende: 6 punhados
Tempo de preparo: 15 minutos
Utensílio: assadeira

No contexto do churrasco, as castanhas com chimichurri caem bem de duas formas: vão deixar sua salada muito mais interessante e também são uma "mão na roda" para quando bate aquela fominha enquanto o fogo ainda não pegou.

Como snack para disfarçar a fome e render bons papos ou como incremento da saladinha, elas vão cair muito bem!

Foi pensando nisso que preparei esta receitinha de castanhas com chimichurri. Sem dúvida elas vão disfarçar a sua fome e serão um bom motivo para prolongar o papo e dar o tempo certo para cada uma das preparações.

2 xícaras (chá) de castanha-de-caju crua
  e sem sal
1 a 1 ½ colher (sopa) de chimichurri
3 colheres (sopa) de azeite
2 colheres (chá) de melado de cana
½ colher (chá) de sal

Pulverize o chimichurri, batendo no liquidificador para transformá-lo quase em pó, adicione o sal e reserve.

Coloque as castanhas em um bowl, adicione o azeite e o melado e mexa para incorporar bem. Junte o chimichurri com sal e misture bastante.

Espalhe em uma assadeira pequena, o suficiente apenas para não encostarem muito umas nas outras. Leve para assar no forno preaquecido a 180ºC por aproximadamente 8 a 10 minutos.

Tire ao sentir o aroma e quando começarem a dourar. Coloque em um recipiente frio para esfriar.

DICA
• Tire da assadeira que foi ao forno e coloque em um recipiente frio para deixar as castanhas mais crocantes.

SUBSTITUIÇÕES
• Use amêndoas, macadâmias ou sementes no lugar das castanhas.

CHURRASCO

ALHO ASSADO

Tempo de preparo: 20 minutos
Tempo de forno: 1 hora
Utensílios: papel dover ou manteiga e
2 refratários que possam ir ao forno

Se você for preparar este alho assado, minha dica é preparar uma quantidade maior para já fazer a pasta de alho — que nada mais é que bater o alho assado com azeite e sal. Reserve uma parte dele e bata ainda quentinho.

Alho deve ser consumido com moderação, então não se empolgue com essa delícia que derrete na boca. Adicione aos pouquinhos às preparações e curta cada sensação que ele vai proporcionar.

10 cabeças de alho
azeite ou manteiga de cacau derretida
sal rosa
pimenta-do-reino moída na hora

Preaqueça o forno a 170ºC.

Corte a ponta da cabeça de alho o suficiente para que todos os dentes estejam abertos e haja espaço para temperar. Faça furinhos dentro de cada cabeça com delicadeza e sem cortar o dente, apenas para que o tempero penetre bem.

Tempere com azeite, sal e pimenta-do-reino.

Coloque em uma assadeira ou refratário que vá ao forno e cubra com outra assadeira para garantir que o vapor não vá sair. Se preferir, faça trouxinhas com papel dover ou manteiga, mas certifique-se de que o vapor ficará contido.

Leve para assar por 1 hora ou até que o alho esteja totalmente macio e derretendo. Deixe-o fechadinho até a hora de finalizar, para manter quente.

Finalização na churrasqueira
Retire o papel (apenas na hora de finalizar), coloque o alho virado com as pontas para baixo e deixe dourar bem. Cuidado para não queimar.

Finalização no forno
Retire o papel, volte para o forno com as pontas viradas para cima e deixe por mais 10 a 15 minutos, até dourarem.

COMO TIRAR O CHEIRO DE ALHO DOS DEDOS?
O alho cru sempre deixa um cheirinho nas mãos. Já ouvi diversas lendas de como tirar o cheiro, mas, para mim, o que funciona mesmo e acaba sendo a forma mais prática é molhar as pontas dos dedos e o esfregar bem forte dentro da pia de inox. Para quem não tem pia de inox, vale comprar umas pedrinhas que vendem em lojas de cozinha.

CHURRASCO

MANTEIGA DE ALHO

Rende: 1 xícara
Tempo de preparo: 5 minutos
Tempo de cozimento: 15 minutos
Utensílio: processador

Esta receitinha, assim como muito do que eu sei, aprendi com uma querida aluna, Graça, durante uma aula. Tenho a sorte de viver rodeada de cozinheiras de mão-cheia; então, como presto consultoria domiciliar, meu trabalho é recheado de trocas: eu levo as bases e as substituições saudáveis para que elas introduzam no que elas já sabem fazer de olhos fechados e, em troca, aprendo com essas mulheres que estão há décadas na frente do fogão sabedorias que passaram de geração em geração. Muitos me perguntam onde aprendi a cozinhar... e a resposta é: minha escola foi a vida, e sem dúvida nenhuma minhas maiores professoras são essas grandes cozinheiras de forno e fogão.

A quantidade de alho é a gosto do freguês. Vai bem para passar em toasts ou pães e para incorporar em legumes, sopas e refogados. Um curinga para ter na geladeira!

½ a 1 colher (sopa) de pasta de alho (p. 22)
1 xícara (chá) de batata-inglesa sem casca picada em cubos pequenos
⅓ de xícara (chá) de azeite
¼ a ½ xícara (chá) de leite vegetal
ervas frescas a gosto
1 pitada generosa de sal

Cozinhe as batatas até ficarem bem macias. Coloque-as ainda quentes em um processador de alimentos com os demais ingredientes e bata até obter um creme.

DICAS
• Use para rechear pão e leve para a grelha. Sem dúvida vai deixar seu churrasco muito mais gostoso!

• Esta manteiga firma bastante quando vai para a geladeira. Se gostar dela mais macia, adicione um pouco mais de leite vegetal.

SUBSTITUIÇÃO
• Use inhame no lugar da batata.

CHURRASCO

TOFU COALHO NO PALITO

Rende: 3 a 6 porções
Tempo de preparo: 20 minutos
Tempo de marinada: 2 a 24 horas

400 g de tofu defumado (ver a seguir)

Para a marinada
1 colher (chá) de cúrcuma
½ colher (chá) de páprica defumada
1 colher (chá) de mostarda em pó
½ colher (chá) de alho em pó
2 colheres (sopa) de azeite
3 colheres (sopa) de *nutritional yeast*
1 colher (sopa) de missô claro orgânico
½ xícara (chá) de sumo coado de laranja

Misture os ingredientes da marinada.

Tire a parte escura das laterais do tofu. Corte no formato de um retângulo, aproveitando o comprimento do tofu — em pedaços de 2 a 3 cm por 8 cm, aproximadamente.

Com um garfo, fure com delicadeza o tofu o máximo que conseguir, porém sem quebrá-lo, para ajudar a pegar o tempero da marinada.

Aqueça um pouco de azeite em uma frigideira ampla e distribua alguns tofus sobre ela. Deixe dourar levemente de todos os lados, e assim que sair da frigideira jogue imediatamente a marinada por cima — ele incorporará muito mais o sabor enquanto estiver quente.

Coloque em um refratário amplo, deixando os tofus bem próximos uns dos outros, porém sem empilhá-los. Lambuze cada tofu com a marinada e deixe fora da geladeira por pelo menos 2 horas. Se possível, faça 1 ou 2 dias antes e deixe na geladeira. Gire de tempos em tempos para que o tempero incorpore neles por igual.

Espete cada tofu com um palito de churrasco e coloque na churrasqueira. Deixe dourar bem de todos os lados. Se preferir, faça em uma chapa bem quente untada com um pouco de azeite.

Sirva com molho de goiaba picante (p. 152) ou geleia de pimenta.

DICAS

• Se fizer na frigideira, uma forma de deixar ainda mais saboroso é acrescentar no final, quando ele já estiver dourado de três lados, mais um pouco do líquido da marinada, deixando evaporar e encorpar ainda mais o sabor.

• A marca e a qualidade dos ingredientes interferem muito no resultado final de uma receita. Depois que conheci o tofu defumado da UAI Tofu, muitas receitas surgiram na minha imaginação. Ele por si só já é maravilhoso, mas gosto principalmente do tamanho que tem, ideal para criar um substituto à altura do queijo coalho.

• Use a marinada que sobrar em outras preparações. Pode servir como marinada para outros queijos ou para incorporar em legumes e verduras, deixando-os descansar no tempero mesmo ou para refogar, reduzindo até que o alimento incorpore melhor o sabor.

150

GOIABADA

Rende: 1 porção
Tempo de preparo: 30 minutos
Utensílios: liquidificador e panela pequena

2 goiabas bem maduras picadas
(aproximadamente 2 xícaras)
½ xícara (chá) de água
½ xícara (chá) de açúcar de coco
ou demerara orgânico
1 colher (sopa) de sumo coado de limão
1 pitada generosa de sal

Retire a casca e corte a goiaba em cubos grandes. Separe os pedaços sem sementes e os demais, que contêm sementes, e bata no liquidificador com a água.

Passe pela peneira para tirar as sementes.

Leve ao fogo baixo com o açúcar e o limão e mexa até que desgrude do fundo da panela e atinja a consistência desejada.

Para preparar o molho de goiaba, deixe-a firme, mexendo por aproximadamente 30 minutos no fogo baixo.

DICA

• Você pode deixá-la mais líquida e usar como calda de bolos ou mais firme, dando ponto de brigadeiro na panela.

MOLHO DE GOIABA PICANTE

Rende: 4 a 6 porções
Tempo de preparo: 5 minutos
Utensílios: liquidificador e panela pequena

1 porção de goiabada (ver ao lado)
1 colher (sopa) de vinagre de vinho branco
ou de maçã
6 colheres (sopa) de azeite
2 pimentas chipotle ou dedo-de-moça
2 colheres (chá) rasas de sal
2 colheres (sopa) de água

Lave, seque e corte as pimentas ao meio, no sentido do comprimento. Despreze as sementes e os cabinhos (se desejar um molho com maior ardência, deixe algumas sementes).

Acrescente ao liquidificador as pimentas, a goiabada cremosa, a água (se necessário), o vinagre e o sal. Bata até que as pimentas sejam trituradas. O molho obtido deve ter uma textura homogênea e lisa, porém pode ficar com uns pedacinhos de pimenta, se você desejar.

Leve ao fogo e deixe reduzir por aproximadamente 10 minutos.

Sirva gelado para acompanhar o tofu coalho (p. 150) ou para acompanhar hambúrgueres (p. 278) e outras receitas com tofu.

CHURRASCO

MILHO-DOCE EM CROSTA DE PARMESÃO E CREME AZEDO

Rende: 4 a 6 porções
Tempo de preparo: 30 minutos

4 espigas de milho-doce

Primeiro empanado (opcional)
4 colheres (sopa) de azeite
1 colher (sopa) de sal de especiarias
½ xícara (chá) de fubá fino ou farinha
de arroz

Segundo empanado ("ovo")
2 a 3 colheres (sopa) de farinha de
grão-de-bico ou arroz branco
6 colheres (sopa) de água
2 colheres (chá) de polvilho doce (opcional)
1 ½ colher (chá) de cúrcuma
1 colher (chá) de sal negro ou rosa

Para finalizar
¾ de xícara (chá) de parmesão de amêndoa
(p. 230)

Para servir
¾ de xícara (chá) de creme azedo
1 pitada generosa de páprica defumada

Corte cada espiga em três partes iguais.

Cozinhe o milho com 1 colher (sopa) de sal de especiarias ou 2 colheres (chá) de sal rosa e um fio de azeite. Deixe por aproximadamente 30 minutos, até ficar bem macio.

Escorra o milho ainda quente e tire todo o excesso de água.

Primeiro empanado
Esse "ovo" não pode ser usado como substituto em receita de bolos e pães, mas é uma boa opção para empanar: traz cor, textura e aroma semelhantes aos do ovo. Perfeita para quem gosta de um empanado firme e suculento por dentro, essa misturinha faz toda a diferença no resultado final!

Faça uma mistura com o azeite e o sal de especiarias e lambuze bem os grãos do milho. Em seguida, passe no fubá ou na farinha de arroz e reserve.

Segundo empanado
Prepare o "ovo" misturando todos os ingredientes. Reserve o parmesão de amêndoa em um prato raso e amplo.

Coloque o milho na churrasqueira ou em uma frigideira untada com azeite em fogo médio-alto. Deixe até que fique bem douradinho e vire para que todos os lados fiquem iguais.

Assim que o milho sair da churrasqueira, passe-o no "ovo", lambuzando toda a espiga, mas proteja as laterais. Depois, na sequência, passe no parmesão até fazer uma crosta no milho todo — de novo, sem passar nas laterais.

Coloque o milho em uma tábua de servir, salpique páprica defumada e sirva com o creme azedo.

CREME AZEDO

Rende: 4 a 6 porções
Tempo de preparo: 10 minutos
Tempo de refrigeração: 1 hora
Utensílio: liquidificador

300 g de tofu soft orgânico ou inhame cozido
100 ml de azeite
3 a 6 colheres (sopa) de sumo coado de limão
1 colher (sopa) + 1 colher (chá) de vinagre de maçã
1 ½ colher (chá) de sal rosa
½ dente de alho ralado sem miolo
ou 1 colher (sopa) de pasta de alho (p. 22)

Esfarele o tofu ou corte em cubos pequenos.
Adicione ao liquidificador os líquidos e metade do tofu e bata até obter um creme. Acrescente os ingredientes restantes e bata por pelo menos 3 minutos, até emulsificar.
Coloque para gelar por pelo menos 1 hora antes de servir.

DICAS
• Use um tofu menos firme para conseguir chegar a uma textura mais veludada.

• Acrescente outros ingredientes, como ervas frescas, mostarda, azeitonas e um pouco mais de água e prepare um delicioso molho de salada ou para colocar sobre legumes.

SUBSTITUIÇÕES
• Use azeite trufado no lugar do azeite tradicional ou ainda castanhas no lugar de tofu.

PICLES DE BETERRABA E PEPINO

Rende: 3 a 6 porções ou 1 vidro grande
Tempo de preparo: 15 minutos
Tempo de marinada antes do consumo: 5 dias a 3 semanas
Utensílio: mandoline com nível de largura

- 1 beterraba grande ou 2 pequenas
- 4 picles ou ½ pepino
- 1 pimenta chilli verde ou vermelha cortada em finas fatias de 0,5 cm (opcional)
- 2 talos de aipo ou erva-doce tenro e cortado em finas fatias de 0,5 cm (opcional)

Para a marinada
- 150 ml de vinagre de maçã
- ¼ de xícara (chá) de azeite
- ¼ de xícara (chá) de shoyu sem glutamato
- 4 colheres (sopa) de *nutritional yeast*
- 3 colheres (sopa) de melado de cana
- 1 colher (chá) de alho em pó
- 2 colheres (chá) de sal de especiarias
- 1 colher (sopa) de sumo de gengibre ou gengibre bem picado
- 1 colher (chá) de sementes de mostarda

DICAS
- Quanto mais tempo marinar, mais saboroso e macio o picles ficará.
- Coloque em potes pequenos para não ter de abrir sempre e conservar a validade por mais tempo.

Lave bem todos os ingredientes.

Fatie bem fino o pepino e a beterraba com a ajuda de um mandoline ou cortador de legumes — para esta preparação é fundamental que fiquem extremamente finos, semelhantes a um carpaccio. Não há problema se algumas fatias quebrarem por causa da espessura.

Prepare a marinada e incorpore os demais itens. É importante que todos os ingredientes fiquem submersos no líquido. Deixe marinar por 24 horas fora da geladeira, então resfrie e espere pelo menos 5 dias antes de consumir. Mantenha refrigerado por até 6 semanas.

CHURRASCO

SALADA DE MINIFOLHAS COM PICLES DE BETERRABA, MANGA E CASTANHAS AO CHIMICHURRI

Rende: 3 a 6 porções
Tempo de preparo: 10 minutos

Use e abuse da imaginação e dos cinco sabores para deixar sua salada ainda mais especial. Brinque com frutas, castanhas, cortes e texturas das folhas.

8 xícaras (chá) de minialface
ou alface-americana
4 xícaras (chá) de minirrúcula
2 xícaras (chá) de miniagrião
um punhado generoso de folhas de manjericão
1 manga grande picada em pequenos cubos de 2 cm
2 tomates orgânicos cortados em 8 meias-luas
1 cenoura ralada com rama
ou 6 minicenouras
3 palmitos bem macios cortados em rodelas grossas de 2 dedos
1 porção de picles de beterraba e pepino
um punhado de sementes temperadas
ou castanhas com chimichurri (p. 144) para finalizar (opcional)

Corte o tomate, tempere com azeite e orégano e reserve.

Faça o mesmo com o palmito, mas não misture com o tomate. Se usar palmito em conserva, lave em água corrente e seque antes de temperar.

Escorra a marinada dos picles (ela será o molho da nossa salada).

Ajuste os temperos da marinada de acordo com seu paladar — coloque mais azeite, uma pitadinha de pimenta, 1 pitada de sal ou deixe um pouco mais adocicado. Reserve na geladeira.

Rasgue as folhas rusticamente com as mãos se estiverem grandes e distribua numa tigela, misturando também as folhas de manjericão.

Distribua os tomates, a manga e o palmito, intercalando entre as folhas, e guarde alguns para finalização. Se optar pela cenoura ralada, incorpore às folhas também.

Acrescente porções de picles à salada. Por fim, adicione as sementes e o restante dos ingredientes reservados.

Finalize com um fio generoso de azeite e pimenta-do-reino.

Sirva com o molho bem geladinho.

DICAS
• Para facilitar a preparação, utilize a marinada dos picles como molho da salada. Se optar por fazer sem picles, use o molho de maracujá do almoço na praia (p. 38) ou o molho Dijon (p. 97).

• No lugar do manjericão, "esconda" folhas de hortelã inteiras em meio às folhas maiores e surpreenda com sabores inesperados.

VINAGRETE DE CAJU

Rende: 6 porções
Tempo de preparo: 20 minutos
Tempo de refrigeração: 30 minutos a 2 horas

- 1 caju picadinho (¼ de xícara)
- 1 tomate sem pele nem sementes em cubos pequenos (½ xícara)
- ½ xícara (chá) de cebolinha-francesa finamente picada
- ¼ de cebola roxa finamente picada deixada de molho (p. 126)
- 3 colheres (sopa) de vinagre de maçã
- 3 colheres (sopa) de azeite extravirgem
- 1 colher (sopa) de pimenta verde sem sementes finamente picada
- 1 colher (chá) de sal rosa

Lave o caju.

Retire a castanha e a pele. Corte a polpa em cubos pequenos. Misture todos os ingredientes em um bowl.

Tampe e leve à geladeira por pelo menos 30 minutos antes de servir.

DICA
• Use como molho de salada ou para acompanhar feijoadas veganas e legumes.

SUBSTITUIÇÕES
• Use frutas da estação — manga, maçã verde, batata yacon, coco verde ou banana.

MOLHO AGRIDOCE DEFUMADO

Rende: 1 porção
Tempo de preparo: 15 minutos
Tempo de refrigeração: 30 minutos
Utensílios: liquidificador ou processador de alimentos

Foi difícil escolher em qual capítulo colocar este molho, porque ele cai bem acompanhando hambúrguer e batatinhas, mas vai fazer toda a diferença marinando os legumes do nosso espetinho!

Minha sugestão? Faça uma quantidade maior e aproveite para preparar alguma das receitas do capítulo sobre fast-food e aproveitar essa mistura de sabores.

- ½ tomate médio sem semente
- ½ xícara (chá) de tomate seco desidratado picadinho
- ⅓ de xícara (chá) de tâmaras medjool sem caroço ou melado de tâmara (p. 54)
- 1 dente de alho bem picado (1 colher de sopa)
- ¼ de pimenta dedo-de-moça sem semente picadinha
- 1 a 2 colheres (sopa) de shoyu sem glutamato
- ½ colher (sopa) de vinagre de maçã
- 2 colheres (sopa) de azeite
- 1 colher (chá) de páprica defumada
- ½ colher (chá) de cominho em pó
- ½ colher (café) de fumaça líquida ou 15 espirradas (p. 162)
- 5 gotas de tabasco ou mais
- 1 pitada de sal

Hidrate o tomate seco com um pouco de água fervente e reserve.

Bata o tomate seco, o alho, o azeite e as tâmaras no processador até obter uma pasta. Adicione todos os ingredientes no liquidificador ou no processador de alimentos e bata até obter uma textura bem aveludada e homogênea.

Deixe gelar por pelo menos 30 minutos antes de servir.

DICA

- Se for utilizar no espetinho de legumes, não precisa colocar para gelar.

CHURRASCO

TEMPERO DEFUMADO

Aqui está uma sugestão de tempero para quem quer preparar um sabor defumado menos industrializado.

3 colheres (sopa) de óleo de gergelim torrado
1 colher (sopa) de páprica defumada
1 colher (sopa) de shoyu sem glutamato
2 colheres (sopa) de azeite
1 colher (sopa) de vinagre de maçã
1 colher (chá) de melado de cana
1 pitada de pimenta calabresa em pó
  (opcional)

Misture todos os ingredientes e deixe incorporar por pelo menos 24 horas antes de usar.

Mantenha fechado por 1 semana ou refrigerado por 1 mês.

Fumaça líquida

A fumaça líquida é uma forma prática de deixar as preparações com um sabor defumado. Ela é obtida através da combustão de madeiras, que é condensada em água e depois decantada e filtrada.

Opte sempre por marcas naturais e empresas em que você confie.

A fumaça líquida vai bem em hambúrgueres, feijoadas veganas, molhos e legumes.

CHURRASCO

ESPETINHO DE
LEGUMES DEFUMADOS

Rende: 3 a 6 porções
Tempo de preparo: 30 minutos
Tempo de marinada: 1 hora a 48 horas
Utensílios: espetos de churrasco e grelha
que fecha ou chapa

Há duas formas de fazer esses legumes. Uma delas é mais prática, mas a outra, com um estágio a mais, agregará muito sabor!

Ambos vão ficar maravilhosos, mas, cá entre nós, tudo que marina e se dá o tempo para incorporar fica mais especial!

Serão 15 minutinhos a mais ao decorrer da semana que sem dúvida farão toda a diferença!

6 floretes grandes de brócolis (½ cabeça)
6 minicenouras com rama ou 1 grande
cortada em 6 partes no sentido do
comprimento
1 abobrinha grande
6 tomates-cereja
6 cogumelos-de-paris, shitake ou portobello
frescos

Para a marinada
sumo de 2 laranjas
4 colheres (sopa) de shoyu sem glutamato
1 colher (sopa) de melado de cana
2 colheres (chá) de alho em pó
4 colheres (sopa) de azeite
pimenta-do-reino moída na hora

Para finalizar
1 xícara (chá) de tempero defumado (p. 162)
ou molho barbecue artesanal

Prepare a marinada e incorpore aos legumes — deixe descansar por pelo menos 30 minutos. Se possível, faça na noite anterior ou até 2 dias antes. (Aproveite para cortar mais legumes e usar nas suas preparações durante a semana; será uma forma de você se programar e ter tempo de deixar os legumes absorvendo os sabores.)

Tire o excesso da marinada e utilize em outras preparações. Incorpore os legumes ao molho e deixe descansar por 30 minutos.

Disponha alternadamente os legumes no espetinho e coloque dentro de uma grelha (de preferência aquelas que fecham, pois ajuda na hora de virar). Coloque numa boca média do fogo para cozinhar os legumes por dentro e não queimar.

Deixe até dourar. Se preferir, faça em uma frigideira ampla untada com azeite no fogo médio-alto.

Para finalizar, pincele o restante do molho barbecue.

DICA
• Guarde a marinada para outras preparações e coloque em legumes e verduras.

Depois de tanta comilança, uma colherada de brigadeiro (p. 212) cai perfeitamente bem para adoçar o programa!

Chapa × grelha

Todas as receitas que eu ensinar neste capítulo poderão ser feitas das duas maneiras. Não é preciso ter uma churrasqueira para realizar as receitas — elas podem ser preparadas em um fogão comum, com uma frigideira normal, ou, se quiser dar um toque especial, use uma chapa de ferro ou uma bistequeira.

A chapa é interessante para uma cocção rápida, pois forma uma crosta sem ressecar, deixando os ingredientes mais suculentos e saborosos. É ideal quando queremos crocância por fora e suculência por dentro.

A grelha, mais utilizada na churrasqueira, não é um utensílio tão simples assim. É preciso ter certa afinidade com ela, porque cada alimento tem o seu tempo de preparo, e a altura do fogo também varia. Com certeza a prática levará à perfeição. A quantidade necessária de calor para que se forme uma crosta deliciosa, por exemplo, é uma habilidade que leva muitos domingos para ser aperfeiçoada.

Seja qual for a sua escolha, seu churrasco será sucesso garantido!

LOWCARB

Quando pensamos numa dieta *lowcarb*, logo vem à mente aquela comida sem vida e sem graça — nada gostosa se comparada a uma comida aconchegante, como risotos, lasanhas, pães e uma sobremesa de lamber os dedos. Sim, aqui teremos todas essas delícias, porém adaptadas e feitas com ingredientes naturais, com pouco carboidrato e cheias de vitalidade e sabor.

A dieta *lowcarb* varia: algumas são extremamente radicais e cortam até o carboidrato de legumes como tomate e abóbora. O *lowcarb* que trago a seguir é sem neuras, porque comer sem prazer não é minha praia, não! (Marombeiros de plantão, fiquem tranquilos! Junto com cada receita darei dicas de adaptações para as dietas mais restritivas.)

Quem não gosta de um belo salgado com carinha de pão? Temos um feito de abóbora e bem proteico. *Crostini* ou torradinhas para beliscar pela manhã?! Para deixar nosso dia mais alegre, teremos uma sobremesa que eu particularmente adoro: "Sonho de Valsa", que me traz lembranças de muitos verões. Vai rolar lasanha também. Porém, no lugar da massa, haverá legumes grelhados, como abobrinha e berinjela, intercalados no molho de tomate, molho branco de castanha e, claro, parmesão de amêndoa. Para acompanhar o salgado proteico, trago um requeijão de castanha — que faz as vezes de um belo requeijão —, receita bem curinga que servirá de base para nossos pratos principais e que une diversidade e praticidade!

MASALA COM BAUNILHA

Como dar mais sabor às receitas normalmente adoçadas? Nas bebidas quentes, nas sobremesas, na granola… Minha sugestão é apostar em especiarias que acrescentam sabor, mas sem precisar de açúcar.

    1 xícara (chá) de canela em pó
    1 colher (sopa) de cardamomo em pó
    1 colher (chá) de noz-moscada em pó
    1 colher (chá) de pimenta-da-jamaica em pó
    1 fava de baunilha

Em um processador pequeno com lâminas finas, pulverize as sementes ou a fava de baunilha bem picadinha com as especiarias. Se não tiver, corte a fava ao meio, tire suas sementes e incorpore com as especiarias. Corte a parte mais dura em quatro pedaços e deixe mergulhada dentro da mistura de especiarias.

Baunilha

Tem gosto de infância, de culinária afetiva e de pudim. É a segunda especiaria mais cara do mercado, a fava perfumada de uma orquídea que deixa os doces especiais, principalmente aqueles feitos à base de creme e ovos.

Sobre a baunilha há muito que pode ser dito, pois ela pode ser encontrada como extrato puro, pasta de baunilha, baunilha em pó, essência natural ou tintura.

DICAS
Como usar a fava de baunilha?

Você pode utilizar a fava inteira ou em partes.

Inteira
Em um processador de especiarias ou moedor de café pequeno com lâminas finas, pique bem e pulverize a fava de baunilha até obter um pó.

Sementes
Com o auxílio de uma faca, retire as pontinhas das duas extremidades da fava. Então corte a fava ao meio no sentido do comprimento.

Com a ponta dessa mesma faca ou uma colherzinha, raspe a fava sem fazer muita pressão, retirando suas minúsculas sementinhas — elas são a parte mais aromática e nobre!

Casca
A casca também é extremamente aromática e não deve ser deixada de lado! Utilize para saborizar água e bebidas alcoólicas ou coloque mergulhada no pote de açúcar ou de biscoitos.

Extrato de baunilha
Você também encontra o extrato de baunilha, que vai muito bem em receitas com preparações líquidas. Ele é mais prático e fácil de armazenar, mas não há nada como uma fava fresca!

As essências não são puras; então opte sempre pelo extrato.

SHOT LOWCARB

BULLETPROOF COFFEE

Rende: 2 porções
Tempo de preparo: 5 minutos
Utensílio: liquidificador

Esta receita foi criada por Dave Asprey, fundador da Bulletproof Coffee e autor do livro *The Bulletproof Diet*. A ideia deste "café à prova de balas" surgiu após uma viagem que ele fez ao Tibete. Bebidas feitas com café, manteiga e outras formas de gordura têm sido consumidas durante séculos por povos do Himalaia, da Etiópia, do Nepal, do Vietnã e de Cingapura.

Dave Asprey criou o *bulletproof coffee* principalmente como forma de ser um alimento que promovesse uma aceleração mental e ao mesmo tempo mantivesse seu organismo bem alimentado.

Em seu livro, ele cita cinco principais fatores para consumir o *bulletproof coffee*: promove clareza mental, mantém você saciado, aumenta seu foco e produtividade, aumenta a queima de gordura, aumenta sua resistência corporal.

DICA
• Adicione 1 colher (chá) de cacau em pó ou maca peruana.

- 1 xícara (chá) ou 250 ml de café coado (p. 118)
- 1 colher (sopa) de óleo de coco extravirgem ou TCM
- ½ colher (sopa) de manteiga de cacau ou de coco (opcional)
- 1 pitada de masala com baunilha

Bata todos os ingredientes no liquidificador por 1 minuto, até ficar bem cremoso.

LOWCARB

CROSTINI MULTIGRÃOS

Rende: 2 porções
Tempo de preparo: 10 minutos
Tempo de forno: 15 a 20 minutos
Utensílios: assadeira grande, papel dover
ou manteiga e rolo de pizza (opcional)

½ xícara (chá) de farinha de amêndoa
¼ de xícara (chá) de farinha de grão-de-bico
¼ de xícara (chá) de amaranto em flocos
ou 1 xícara (chá) de farinha *lowcarb*
2 colheres (sopa) de azeite
½ a 1 colher (chá) de sal rosa
1 colher (chá) de sal de especiarias
água quente até chegar ao ponto
4 colheres (chá) de sementes que tiver em
casa (sugestão: usar partes iguais de
gergelim preto, gergelim branco torrado,
semente de girassol, semente de abóbora)
lemon pepper (p. 94) (opcional)

Preaqueça o forno a 180-190ºC.

Misture todos os ingredientes até formar uma massinha. Adicione água aos poucos para dar o ponto. A massa deve ser fácil de modelar, sem ser quebradiça.

Se optar pelo papel dover, não precisa untar a fôrma. Se optar pelo papel-manteiga, unte com azeite.

Divida a massa em três partes. Coloque no centro do papel e cubra com outra folha . Abra com um rolo de pizza até deixá-la bem fininha. Se preferir, amasse com a palma da mão, mas é fundamental que fique o mais fina que puder.

Tire o papel de cima e corte em quadrados ou em tiras, deixando um pequeno espaço entre um e outro, para que os *crostini* fiquem bem crocantes.

Coloque em uma assadeira ampla e asse até dourar. Vire os *crostini* e volte ao forno para dourar do outro lado. Isso vai levar entre 10 e 15 minutos — depende do tamanho do corte e do seu forno.

Tire os *crostini* da assadeira e coloque-os em outro recipiente, esperando até que esfriem e fiquem crocantes. Se ainda estiverem moles quando esfriarem, volte ao forno — devem ficar douradinhos.

Depois que esfriarem totalmente, armazene-os em um pote bem fechado.

Os *crostini* duram 2 semanas se bem armazenados. Volte ao forno se perderem a crocância com o tempo.

Coma com o requeijão de castanha (p. 175) ou outra pastinha de sua preferência.

DICAS

• Use essa proporção de 1 xícara (chá) de farinha e brinque com as que tiver em casa. Para versões *lowcarb*: coco, banana verde, maracujá, sementes ou oleaginosas.

• O amaranto em flocos é interessante por deixar a massa bem crocante, mas não é essencial.

• Algumas farinhas são mais secas que outras. Ajuste o ponto com água e coloque mais de um tipo de farinha para dar liga.

• Se não utilizar o sal de especiarias, capriche nos temperos para dar mais sabor.

• Divida a massa em duas partes e brinque com diferentes temperos.

LOWCARB

SALGADO DE ABÓBORA

Rende: 2 unidades
Tempo de preparo: 20 minutos
Tempo de forno: 40 minutos
Utensílios: processador de alimentos
  e assadeira

Para a massa
  100 g de bacon de tofu (p. 197)
  100 g de abóbora-japonesa sem casca em pedaços de 2 cm ou ¾ de xícara (chá) de purê firme de abóbora
  ¼ de xícara (chá) de farinha de amêndoa
  ¼ a ½ colher (chá) rasa de sal rosa
  2 colheres (sopa) de *nutritional yeast* (opcional)
  2 colheres (sopa) de azeite
  ½ colher (chá) de alho em pó

Para o recheio
  ½ talo de alho-poró pequeno em finas rodelas (¼ xícara)
  1 colher (sopa) de azeite
  1 colher (café) de sal de especiarias

Recheio
Refogue o alho-poró com o azeite e o sal de especiarias. Reserve.

Massa
Doure a farinha de amêndoa em uma panela em fogo baixo e reserve.

Caso pretenda fazer a abóbora do zero, preaqueça o forno a 190ºC. Corte a abóbora em pequenos cubos de 2 cm, tempere com azeite e sal, coloque em uma assadeira pequena, tampe com papel-manteiga e leve para assar por 15 minutos coberta com papel-alumínio. Descubra e deixe por mais 10 minutos, até secar e ficar macia, porém firme.

Bata no processador todos os ingredientes da massa, com exceção da farinha, até obter uma massa uniforme. Adicione a farinha e bata mais um pouco. A consistência precisa ser de uma massa homogênea, que não grude nas mãos. Se necessário, coloque um pouco mais de farinha de amêndoa.

Divida a massa em duas partes. Deixe um potinho de água ao seu lado e lambuze a mão com azeite. Pegue a massa na palma da mão e a achate, coloque o recheio no centro e vá puxando as pontinhas com delicadeza para fechar o salgado. Use um pouco de água para ajudar a fechar bem, para que o recheio não saia.

Leve ao forno preaquecido a 180ºC até dourar (aproximadamente 20 minutos). Se gostar do salgado mais molhadinho, você pode grelhar em uma frigideira tampada em fogo médio-baixo. Vire na metade do tempo e deixe até que o centro do salgado esteja aquecido e dourado por fora.

DICA
• Você pode utilizar um purê fino ou até uma sopa como base. Para isso, leve em uma panela ao fogo baixo e deixe reduzir, mexendo sempre.

SUBSTITUIÇÕES
• Você pode utilizar outras bases no lugar da abóbora: mandioca, batata e mandioquinha.

• Para uma receita *lowcarb*, use couve-flor, brócolis.

LOWCARB

DICAS
Como descascar a abóbora com facilidade

Crua
Uma faca grande e bem afiada fará toda a diferença aqui. Para cortar, coloque a abóbora com o cabinho virado para cima sobre uma superfície lisa. Se optar por uma tábua de madeira, coloque um pano de prato embaixo dela para não escorregar.

Firme a mão, finque a faca na abóbora e corte-a pela metade, sem pegar o cabinho. Se estiver duro demais, bata outra tábua ou martelo na ponta dela. Faça com bastante delicadeza e cuidado para ela não soltar.

Depois, com as mãos, puxe as metades para que a abóbora se abra.

Com a abóbora já aberta, utilize uma colher para retirar as sementes. Reserve e use em outras receitas como as pepitas com lemon pepper (p. 94) ou deixe secar e faça farinha — elas são riquíssimas em nutrientes.

Agora é só você ir cortando a abóbora no formato que desejar. Você pode partir as metades em novas metades e, assim, fazer fatias. Dessa forma, os pedaços ficam menores, facilitando a retirada da casca.

Aquecendo
Aquecer os alimentos é uma ótima maneira de torná-los mais maleáveis.

Para aquecer a abóbora, basta lavá-la bem externamente e, com uma faca afiada, fazer pequenos cortes pela casca, para, em seguida, levar ao forno preaquecido a 200°C por cerca de 20 minutos. Fique atento ao tempo se você deseja apenas cortá-la (ela não pode cozinhar por dentro).

Cozinhando inteira
Se desejar utilizar a abóbora para preparações como purês e sopas, uma ótima alternativa é assá-la inteira para agregar sabor à sua preparação.

Asse por 20 minutos, como indicado acima, e tire-a do forno depois de macia. Faça um buraco na casca, reservando essa "tampa". Você pode utilizar uma colher para tirar um pouco das sementes ou pode temperar com as sementes dentro.

Jogue azeite e temperinhos dentro da abóbora, tampe novamente e leve para assar por 1 hora a 1 hora e 30 minutos

Jogo de facas
Ter um bom jogo de facas é importante. Afinal, ninguém quer passar horas na cozinha por não conseguir cortar um alimento.

As facas pequenas servem para picar e descascar legumes e frutas, ao passo que as maiores servem para cortar alimentos na tábua, por serem mais fáceis de segurar.

Facas leves ou pesadas: qual é mais a sua praia?

Nunca compre facas pela internet, pois você precisa sentir qual tem mais a ver com você.

Afiador de facas
Do que adianta ter um bom jogo de facas sem um afiador? Ele também ajuda a ganhar tempo na cozinha.

Compre um afiador de três níveis diferentes; ele é fácil de encontrar e muito prático.

LOWCARB

REQUEIJÃO DE CASTANHA

Rende: 8 porções
Tempo de preparo: 10 minutos
Tempo de molho: 12 horas

Receitinha extremamente versátil, pode ser usada como requeijão ou para substituir o creme de leite em suas preparações do dia a dia.

Ela complementa todas as preparações deste capítulo. Reserve as quantidades sugeridas para a lasanha e o risoto e delicie-se com o restante!

- 3 xícaras (chá) de castanha-de-caju crua e sem sal já hidratada (p. 264)
- 1 ½ a 2 xícaras (chá) de água
- 4 colheres (sopa) de azeite
- 3 a 6 colheres (sopa) de sumo coado de limão-siciliano ou taiti
- ½ a 1 dente de alho ralado sem miolo ou 1 a 2 colheres (sopa) de pasta de alho (p. 22)
- 2 a 4 colheres (sopa) rasas de missô claro (de preferência orgânico)
- 1 a 2 colheres (chá) rasas de sal rosa

Deixe as castanhas de molho. Caso não tenha deixado de molho tempo suficiente, coloque em uma panela e deixe ferver para que amoleçam bem.

Processe metade das castanhas com os demais ingredientes até ficar cremoso e aveludado (sem nenhum pedaço).

Adicione o restante das castanhas aos poucos e bata até manter essa mesma textura. Se necessário, coloque mais água aos poucos até chegar a uma textura aveludada e na consistência desejada (pode ser mais firme ou mais líquida).

Ajuste os temperos e use no lugar do requeijão ou do creme de leite (caso a receita tenha ficado mais líquida).

DICAS

• Coloque o sal aos poucos, pois a quantidade de missô interfere no sal. Existem missôs mais suaves e ideais para preparações de queijos e outros mais escuros que não funcionam para esse tipo de preparação. Veja na página 222 mais sobre o missô.

• Finalize o tempero a gosto — mais ácido, mais salgadinho —, provando até chegar a um paladar bem agradável.

MOLHO DE TOMATE

Rende: 2 porções
Tempo de preparo: 20 minutos
Tempo de cozimento: 30 minutos

    1,5 kg de tomate italiano
    ½ beterraba pequena sem casca
ou 1 cenoura
    4 dentes de alho finamente picados
    2 cebolas grandes finamente picadas
    4 colheres (sopa) de azeite
    1 ramo de manjericão
    1 colher (sopa) rasa de orégano seco
    1 colher (chá) de sal rosa
    2 colheres (chá) de sal de especiarias
ou, se não tiver, use mais 1 colher (chá)
       de sal rosa
    1 colher (chá) cheia de canela
    4 a 10 gotas de tabasco
    1 colher (sopa) de açúcar de coco
ou 1 tâmara medjool

Lave os tomates em água corrente. Bata ⅓ dos tomates com a beterraba até obter um creme. Tire a pele e as sementes do restante e corte em pedaços grandes.

Em uma panela, aqueça o azeite e doure o alho. Adicione a cebola picada, o ramo de manjericão inteiro, as especiarias e o sal e refogue por 5 minutos.

Coloque os pedaços de tomate e o creme de tomate na panela e deixe apurar.

Tampe a panela e leve ao fogo médio-baixo por pelo menos 30 minutos. Quanto mais tempo, melhor.

Vá mexendo de vez em quando para não queimar.

Deixe-o com pequenos pedaços de tomate e tire o ramo de manjericão antes de servir.

DICAS

• Molho de tomate cai bem em quase tudo; então faça uma quantidade maior e sempre tenha um pouquinho dele congelado.

• O açúcar de coco é opcional e traz um toque adocicado.

LOWCARB

PESTO DE ABOBRINHA

Rende: 1 xícara
Tempo de preparo: 5 minutos
Utensílio: liquidificador

Sempre que preciso dar cremosidade ou quero deixar um pesto menos calórico, utilizando menos azeite, gosto de complementar com legumes e verduras.

Introduzir a abobrinha nesta receita, além de "fazer volume" praticamente sem adicionar calorias, vai dar cremosidade e uma textura especial ao nosso risoto.

    2 xícaras (chá) de folhas de manjericão fresco
    ½ a 1 xícara (chá) de azeite
    1 a 2 dentes de alho assado
ou 1 colher (sopa) de pasta de alho (p. 22)
    ⅓ de xícara (chá) de farinha de amêndoa sem pele
    3 colheres (sopa) de *nutritional yeast*
    1 xícara (chá) de abobrinha crua em cubos pequenos
    ½ colher (chá) de sal de especiarias
    1 a 1 ½ colher (chá) de sal rosa
    2 colheres (chá) de sumo coado de limão
    Pimenta-do-reino moída na hora

Coloque a abobrinha, o alho, o azeite e bata até virar um creme. Adicione os demais ingredientes e bata mais um pouco.

SUBSTITUIÇÕES

• Salpique parmesão de amêndoa (p. 230) no lugar da farinha de amêndoa ou use oleaginosas torradas, como semente de abóbora, nozes ou *pinoli*, e bata com os demais ingredientes.

• Use outras ervas, como hortelã, cebolinha-francesa ou rama de cenoura, no lugar do manjericão.

• Substitua o sal de especiarias por missô para conservar ainda mais seu pesto, além de agregar sabor.

• Use brócolis cozido no lugar da abobrinha.

LOWCARB

RISOTO CAPRESE

Rende: 2 porções grandes
Tempo de preparo: 50 minutos
Utensílio: liquidificador

Para este risoto ganhar graça e os "grãos" de couve--flor ficarem saborosos, precisam ser refogados e cozidos com um molho de tomate bastante saboroso, acompanhado de um molho pesto bem cremoso. E nada de deixar para colocar no final: tudo o que for usado para dar sabor deve estar presente desde o começo do preparo.

A proposta deste livro é usar a imaginação e brincar com as formas de cocção, sempre com o objetivo de agregar sabor. Os alimentos, então, serão cozidos em brodos, molhos e temperos, deixando a água evaporar por completo para não perdermos os nutrientes.

Para o risoto

2 e ½ xícaras (chá) de couve-flor crua em
    pequenos floretes (½ couve-flor pequena)
4 colheres (sopa) de azeite
1 dente de alho ralado
1 cebola grande em pequenos cubos
1 colher (sopa) de vinagre de maçã
ou sumo de 1 limão
2 xícaras (chá) de molho de tomate
    fresco (p. 176)
1 porção de pesto de abobrinha
caldo de legumes caseiro ou água + sal
    de especiarias

Ervas e especiarias

1 ou 2 colheres (chá) de sal rosa
1 colher (café) de sal de especiarias ou missô
2 colheres (chá) de orégano seco
1 colher (chá) de pimenta-do-reino moída
    na hora
um punhado generoso de cebolinha-francesa
    finamente picada

Para finalizar

½ xícara (chá) de requeijão de castanha
ou outro queijo vegano cremoso
2 colheres (sopa) de *pinoli* torrados
ou semente de abóbora torrada
4 colheres (sopa) de parmesão de amêndoa
    (p. 230)
um punhado de rúcula selvagem
4 tomates-cereja cortados ao meio (opcional)

Processe a couve-flor até obter pequenos "grãos" — ela será a substituta do arroz. É preciso ter cuidado para não processar demais e soltar água; então, se preferir, rale em um ralador fino.

Numa frigideira, aqueça o azeite e refogue o alho até dourar bem. Em seguida, adicione a cebola e as ervas e especiarias. Deixe secar totalmente, então acrescente o vinagre de maçã e refogue por mais alguns minutos.

Quando secar, coloque o molho de tomate e mexa por alguns instantes. Acrescente a couve-flor, 1 xícara (chá) de caldo de legumes e o molho pesto. Abaixe o fogo e tampe a panela. Deixe cozinhar por 10 minutos, destampe e vá mexendo sempre.

Deixe evaporar toda a água e vá colocando o caldo de legumes (se necessário) aos poucos, até o sabor incorporar bem na couve-flor. O ponto dela deve estar macio, porém não mole demais.

Adicione o creme de castanha, as ervas frescas e a pimenta-do-reino moída na hora. Se desejar, ajuste os temperos de acordo com seu paladar.

Para finalizar, divida o risoto no centro de dois pratos fundos, coloque o parmesão de amêndoa por cima e distribua os tomates-cereja. Finalize com a rúcula selvagem ou brotos, *pinoli* torrados, um fio de azeite e pimenta-do-reino e sirva imediatamente.

DICA

• Antes de servir, coloque água fervente nos pratos, descarte e sirva o risoto no prato já aquecido para não esfriar tão rapidamente.

SUBSTITUIÇÕES
• Substitua o molho pesto por ragu de cogumelos (p. 224) e acrescente uma base cremosa, como o creme azedo (p. 156) ou a coalhada de castanha (p. 60).

• No lugar dos *pinoli*, coloque amêndoas laminadas torradas e no lugar da rúcula coloque miniagrião ou brotos.

Pinoli
Os *pinoli* são uma especiaria originada da árvore *Pinus pinea*, conhecida como pinheiro-manso, de origem mediterrânea.

Tem alguma semelhança com uma amêndoa, mas de tamanho bem reduzido e com formato ovalado, textura macia e coloração amanteigada. É oleoso e de sabor suave, que pode ser ressaltado quando torrado.

LOWCARB

LASANHA DE LEGUMES

Rende: 2 porções
Tempo de preparo: 40 minutos
Tempo de cocção: 40 minutos a 1 hora e
   20 minutos
Utensílios: refratário de servir de 20 cm × 10 cm
   ou 15 cm × 15 cm que possa ir ao forno, pincel,
   frigideira ou chapas grandes e papel-manteiga

   2 berinjelas grandes ou 4 pequenas (20 fatias
      de berinjela cortadas na horizontal em tiras
      finas para lasanha)
   2 abobrinhas grandes ou 4 pequenas (20
      fatias de abobrinha cortadas na horizontal
      em tiras finas para lasanha)

Para temperar
   ⅓ de xícara (chá) de azeite pincelado
   1 colher (sopa) de especiarias
   pimenta-do-reino moída na hora

Para finalizar
   3 xícaras (chá) de molho de tomate fresco
   1 xícara (chá) de requeijão de castanha
   ¼ de xícara (chá) de manjericão fresco
   ½ xícara (chá) de parmesão de amêndoa
      (p. 230)

Corte uma parte da casca das berinjelas, mas mantenha um pouco para que as fatias não percam a
estrutura. Tempere-as com sal e deixe descansar
de 10 a 20 minutos para amolecer. Depois disso,
passe-as em água, para que não salguem demais.

Incorpore os ingredientes do tempero.

Com a ajuda de um pincel, tempere as tiras de
berinjela e abobrinha.

Aqueça as frigideiras ou chapas, coloque no
fogo médio-baixo e distribua as lâminas sem encostar uma na outra. O tempo dependerá da grossura
das fatias, mas elas devem ficar bem macias por
dentro e levemente douradas por fora.

O ideal é virar apenas uma vez, então espere
dourar.

Preaqueça o forno em temperatura média
(190°C).

Monte a lasanha em um refratário que possa ir
ao forno, intercalando as fatias de legumes com o
molho de tomate. Finalize com o requeijão de castanha e salpique bastante parmesão de amêndoa.

Feche bem com outro refratário ou papel-manteiga, para que o vapor não saia de dentro. Leve para
assar por 50 minutos, até que as fatias incorporem
bem o molho de tomate e fiquem suculentas.

Mas preste bastante atenção: caso o ar saia, a
lasanha perderá vapor e secará. Destampe e deixe
até "gratinar" a parte de cima e ficar crocante.

DICA
• Caso seu molho de tomate esteja
mais firme, dilua-o com um pouco de
água — nesse caso você obterá uma
quantidade um pouco maior de molho.
Dessa forma a lasanha não fica seca e
o molho continua suculento.

Pincel
O pincel é prático e funcional. Serve para adicionar
molhos nos ingredientes, finalizar um prato bem
bonito ou para untar uma fôrma sem precisar usar
papel ou sujar as mãos.

LOWCARB

"SONHO DE VALSA"

Rende: 8 unidades
Tempo de preparo: 20 minutos
Tempo de freezer: 1 hora
Utensílios: processador de alimentos e papel
dover ou manteiga

Quando aprendi esta receita com a Thaís Massa, que manja tudo de receitas *lowcarb*, fiquei apaixonada. Para mim, tem um gostinho de adolescência. Ela me traz tantas lembranças boas e divertidas, das tardes sentada no chão da sala jogando video game com o Jotinha, meu marido, e a Juju, minha cunhadinha.

1 xícara (chá) de castanha-de-caju crua e
sem sal
1 colher (sopa) de óleo de coco sem sabor
ou manteiga de cacau
¼ de xícara (chá) de açúcar de coco
1 colher (sopa) de pasta de castanha ou
amêndoa (opcional)
½ colher (café) de sal
1 colher (chá) de vinagre de maçã
50 g de chocolate 70% em barra para finalizar

Preaqueça o forno a 180°C.

Coloque um pouco de óleo de coco e 1 pitada de sal nas castanhas e leve para assar por 8 minutos, até dourar levemente.

Em um processador, bata as castanhas até obter uma farinha rústica. Adicione os demais ingredientes do recheio e continue a bater até formar uma massa fácil de modelar. Cuidado para não bater demais e soltar a gordura das castanhas.

Faça bolinhas e leve para gelar por pelo menos 30 minutos no freezer.

Rale o chocolate, coloque ⅔ em um pote de vidro bem seco e coloque em uma panela com água fervente para derreter em banho-maria. Quando estiver quase totalmente derretido, tire do banho-maria e adicione o restante do chocolate ralado. Coloque uma colher de sopa de óleo de coco e mexa por alguns minutos para resfriar o chocolate (dou mais detalhes sobre esse processo de temperamento do chocolate na p. 210).

Finalização

Forre um prato com papel dover, deixando a parte brilhante para cima. Pegue 2 colheres grandes, coloque a bolinha de castanhas gelada em uma das colheres e com a outra vá banhando com o chocolate. Coloque sobre o papel, deixe em temperatura ambiente caso esteja fresco. Se estiver fazendo calor, volte para a geladeira para firmar.

PARECE, MAS NÃO É!

Este capítulo nasceu para resgatar diversas memórias afetivas de pratos tradicionalmente não veganos.

Aqui você vai encontrar alguns dos meus pratos preferidos — em sua maioria lembranças da infância ou de pratos que alguém muito querido para mim gosta demais.

Não existe nada que me dê mais prazer na cozinha do que criar algo novo! Ver as texturas e os sabores nascendo é fascinante. Seja para um novo projeto ou para alegrar o estômago de quem eu amo, aproximar o paladar das pessoas de uma cozinha mais sustentável é algo a que tenho me dedicado cada vez mais!

TARTAR DE CENOURA

Rende: 1 porção
Tempo de preparo: 1 hora
Tempo de resfriamento: 4 a 72 horas
Utensílios: minimoedor de carne e aro de metal de aprox. 8 cm

Este tartar, que é meu queridinho, foi criado a quatro mãos.

Com ajuda e muitos pitacos do maridão, surgiu este tartar de cenoura, inspirado em um tartar tradicional à moda francesa. Ele é superversátil e fica ótimo servido com batatas rústicas carameladas com alecrim, como as da página 260, e com maionese de wasabi (prepare a quionese da p. 127 e adicione um pouco de wasabi em pó, para trazer picância e frescor).

Sugiro também servi-lo como aperitivo para comer com torradinhas e *crostini* (p. 170) ou com uma bela salada para um almoço leve e refrescante.

> 4 cenouras médias (500 g) em cubos pequenos
> ¼ de uma beterraba em cubos pequenos
> ½ colher (chá) de páprica defumada
> 6 colheres (sopa) de ketchup artesanal (p. 271)
> 4 colheres (sopa) de azeite
> 2 colheres (sopa) de mostarda Dijon
> 15 espirradas de spray de fumaça líquida (p. 162)
> 12 a 20 gotas de tabasco
> 10 giros do moedor de sal negro
> 3 colheres (sopa) de cebolinha-francesa
> pimenta-do-reino a gosto

Preaqueça o forno a 180ºC.

Tempere os cubinhos de cenoura e beterraba com azeite, sal e pimenta-do-reino. Disponha em uma assadeira pequena e deixe-os próximos uns dos outros, para não secarem. Tampe bem para não deixar o vapor escapar e asse até estarem bem macios. Deixe tampada até a hora de moer, para não esfriarem.

Despreze qualquer líquido que tiver sobrado e passe a cenoura e a beterraba por um moedor de carne. Se sobrar algum pedaço maior, passe novamente.

Coloque em um bowl e tempere ainda mornas com os demais ingredientes, mas reserve a cebolinha para a finalização.

Deixe o tempero curtir por pelo menos 4 horas na geladeira. Se possível, espere 3 dias — quanto mais, melhor!

Montagem

Para a finalização, use um aro de metal (cortador) para facilitar a montagem. Caso não tenha um, coloque no prato e modele com ajuda de um garfo até formar o tartar. Passe o garfo sobre ele para dar uma textura mais rústica.

Se optar por servir como entrada, monte no centro do prato e finalize com azeite, sal negro, pimenta-do-reino e cebolinha. Como prato principal, coloque-o na lateral do prato, tempere com azeite, sal negro, pimenta-do-reino e cebolinha e sirva ao lado as batatas rústicas e, num potinho pequeno, a maionese. Enfeite com um galho inteiro de alecrim.

DICAS

• Faça com dois ou três dias de antecedência, para agregar sabor.

• Se bem armazenado em potes de vidro, chega a durar 3 semanas.

Sal negro

Sua cor negra provém da presença de pequenas partículas de ferro e outros minerais. Devido ao índice de enxofre presente em sua composição, por ser de origem vulcânica, apresenta um forte sabor sulfuroso. Por isso, lembra o aroma de gema de ovo e é boa opção para preparações veganas de maioneses, carbonara e omeletes.

Ele é rico em cálcio, zinco e magnésio, além de ajudar na digestão e ter menos sódio que os outros sais.

PARECE, MAS NÃO É!

TAGLIATA

Rende: 1 porção grande ou 4 pequenas
Tempo de preparo: 1 hora
Tempo de marinada (sugestão): 1 a 4 horas
Utensílios: liquidificador, cortador de frios e
panela de pressão

1 lombo de jaca verde de aprox. 400 g
(p. 194)
¼ de xícara (chá) de azeite
500 ml de caldo de legumes ou água quente
sálvia

Para a marinada
½ beterraba
¼ de xícara (chá) de shoyu
¼ de xícara (chá) de vinho tinto
½ xícara (chá) de sumo de laranja
2 colheres (sopa) de azeite de oliva
1 colher (chá) de orégano
1 colher (sopa) de cebola em pó
1 colher (sopa) de alho em pó
½ colher (sopa) de páprica defumada
10 gotas de tabasco
30 espirradas de spray de fumaça líquida
(p. 162)
½ colher (sopa) de mostarda
1 colher (chá) de sal rosa

Para finalizar
minirrúcula
parmesão de amêndoa (p. 230)
azeite
pimenta-do-reino moída na hora
mostarda de Cremona (opcional)
torradinhas (opcional)

Comece pela marinada: bata todos os ingredientes e peneire para tirar os pedaços.

Corte o lombo ao meio na vertical se ele for muito grande — ele deve ficar em média com 3 a 4 dedos de altura.

Se você estiver utilizando o lombo cru, cozinhe no vapor por 40 minutos. Se você tiver optado por comprar o lombo limpo, ele normalmente vem cozido,

Coloque o lombo na marinada e deixe por 1 a 4 horas, mexendo de tempos em tempos para incorporar por igual. Caso não tenha esse tempo disponível para marinar, deixe o máximo que puder, mesmo que sejam alguns minutos.

Reserve a marinada e tempere o lombo com pimenta-do-reino e sal.

Aqueça uma panela de pressão com azeite e a sálvia. Depois que estiver bem quente, sele os lombos até dourar bem todos os lados e criar uma crosta crocante.

Adicione a marinada e o caldo de legumes, tampe a panela e cozinhe por aproximadamente 15 minutos (vai depender do tamanho do lombo).

Deixe o lombo esfriar um pouco; depois, com a ajuda de um cortador de frios, corte em fatias bem finas. Incorpore o molho restante nas fatias e leve para gelar.

Finalização
Coloque as tiras do lombo lado a lado em um prato amplo, com o cuidado de não deixar o prato aparecer.

Salpique parmesão de amêndoa e capriche no azeite e pimenta-do-reino moída na hora.

Finalize com as folhas de rúcula no centro e sirva opcionalmente com mostarda de Cremona e torradinhas.

PARECE, MAS NÃO É!

CASQUINHA DE SIRI FINGIDO DA BAIANA

Rende: 4 porções pequenas ou 2 grandes
Tempo de preparo: 30 minutos
Tempo de forno: 20 minutos
Utensílios: ralador, casquinhas e ramequim pequeno ou travessa de 10 cm × 10 cm que possa ir ao forno

Esta receita ganhou meu coração desde a primeira vez que ouvi a Nanda falar: "Menina, você precisa aprender a fazer a casquinha de siri fingido da Baiana!".

Vale contar brevemente a história dessas quatro irmãs, Maria, Nanda, Baiana e Nelly. Elas pilotam o Quintal da Glória, uma das poucas casas no Quadrado em Trancoso que ainda são povoadas pelos locais. Entre uma casinha e outra surge um paraíso "escondido" que mantém toda a essência daquele quadrado encantado.

Dona Glória, já falecida, oferecia a feijoada para o povo local, sempre aos domingos. Além disso, ela era a parteira da região, e os moradores já perderam as contas de quantas vidas ela ajudou a trazer ao mundo.

Lá, além de hospedagem, elas oferecem aos domingos o melhor programa da região: a feijoada da Glória! Entrando por uma ruela entre as casas do Quadrado, você se depara com sorrisos contagiantes, flores e um cheirinho que dá fome só de lembrar. Se você avisar com antecedência, elas preparam uma versão vegana, mas também é possível se deliciar com todos os acompanhamentos oferecidos por lá, que já valem por uma refeição!

¼ de maço de repolho branco
½ xícara (chá) de coco seco fresco ralado fino
1 pimentão vermelho sem semente
½ pimentão amarelo sem semente
2 tomates
1 pimenta-de-cheiro finamente picada
2 pimentas dedo-de-moça finamente picadas (sem semente)
1 cebola finamente picada
1 dente de alho finamente picado
1 ½ ou mais colheres (chá) de sal rosa
2 a 3 colheres (chá) de tempero baiano (p. 30)
ou 2 colheres (chá) de cúrcuma + 2 colheres (chá) de orégano + gotas de limão (opcional)
3 colheres (sopa) de azeite de dendê
1 a 2 xícaras (chá) de leite de coco
3 xícaras (chá) de caldo de legumes caseiro ou água
1 xícara (chá) de cebolinha picada
1 xícara (chá) de salsinha picada
sumo coado de 1 limão
parmesão de amêndoa, para finalizar (p. 230)

Corte o repolho a fim de obter fios bem longos e tão finos quanto conseguir. Se achar que ficaram grossos, junte todo o repolho e pique mais um pouco. Reserve.

Rale o coco seco no segundo tamanho do ralador — ele deve ficar bem fino e longo. Caso não tenha coco seco fresco em sua região, utilize o ralado pronto, mas saiba que não é o ideal. Reserve.

Tire as sementes e a parte branca dos pimentões, corte em cubos pequenos e reserve.

Tire as sementes dos tomates e, se possível, a pele também. Corte em cubos pequenos de 1 cm e reserve.

Refogue o alho no dendê até dourar bem. Em seguida, coloque a cebola picadinha e deixe refo-

gar por 5 minutos. Adicione metade das pimentas, o tempero baiano e 1 colher (chá) de sal e mexa sempre por mais 5 minutos. Acrescente os pimentões picadinhos e mexa mais um pouco. Se estiver grudando na panela, coloque um pouco de caldo de legumes ou água, apenas o suficiente para desgrudar.

Adicione o repolho e o coco e deixe incorporar bem e secar. Junte o leite de coco e deixe secar também. Acrescente mais umas pitadinhas de sal e 1 xícara (chá) de caldo de legumes, tampe e deixe cozinhar e incorporar bem por mais 15 minutos. Quando secar bem, destampe, prove a pimenta e adicione o restante pouco a pouco. Coloque os tomates por mais 5 minutos. Vá provando, adicione mais leite de coco, acertando os temperos, e deixe incorporar bem o sabor e a textura. Depois de 30 a 40 minutos de refogado, finalize com o cheiro-verde e 1 colher (sopa) de dendê. Deixe a mistura cremosa, pois ainda vai para o forno. Coloque o "siri" nas casquinhas ou em um refratário, polvilhe o parmesão de amêndoa, leve ao forno preaquecido a 180°C por aproximadamente 15 minutos, até dourar.

SUBSTITUIÇÕES
- Troque o parmesão por farinha de amêndoas, flocos de arroz ou uma farofinha para gratinar.

PARECE, MAS NÃO É!

HOT DOG

Rende: 5 mini-hot dogs
Tempo de preparo: 20 minutos
Tempo de marinada sugerido: 12h

Salsicha
5 cenouras pequenas
½ xícara (chá) de molho de tomate

Marinada
¼ de xícara (chá) de shoyu
3 colheres (sopa) de azeite de oliva
2 colheres (sopa) de vinagre de maçã
1 colher (sopa) de óleo de gergelim
1 ½ colher (sopa) de melado de cana
1 colher (sopa) de mostarda
1 colher (sopa) de cebola em pó
1 colher (sopa) de alho em pó ou de pasta
de alho (p. 22)
10 gotas de tabasco
½ colher (chá) de sal
15 espirradas de spray de fumaça líquida
(p. 162)
½ colher (sopa) de páprica defumada
1 colher (sopa) de *nutritional yeast* (opcional)

Para acompanhar
pão de hot dog
batatinha palha
ketchup (p. 271)
mostarda (p. 274)

Lave as cenouras e retire a casca com ajuda de um descascador de legumes, modelando-as no formato de salsichas. Corte-as em 2 ou 3 partes se desejar fazer mini-hot dogs.

Cozinhe-as no vapor por aproximadamente 10 minutos, apenas até que fiquem *al dente*.

Enquanto isso, em uma tigela, misture os ingredientes da marinada.

Coloque as cenouras cozidas e ainda quentes na marinada, deixando por pelo menos 2 horas. Se possível, faça com até 1 dia de antecedência e vá mexendo e incorporando, caso não estejam totalmente submersas.

Aqueça um fio de azeite em uma frigideira antiaderente ampla e grelhe as salsichas por uns 2 minutinhos, então adicione a marinada já quente e deixe até o caldo reduzir.

Adicione o molho de tomate quando as salsichas já estiverem douradas. Espere até que ele aqueça e reduza um pouco.

Recheie o pão, coloque mostarda e ketchup e finalize com batatinha palha.

PARECE, MAS NÃO É!

LOMBO DE JACA

Sempre achei que faltava alguma coisa nas minhas ceias de Natal para acompanhar as tradicionais batatinhas assadas que costumava ver ao lado do pernil. Para jantares especiais, na minha opinião é importante ter um prato que traz presença, e este lombo caiu como uma luva. Leve, neutro e perfeito para acompanhar as batatinhas e a salada de grãos e folhas frescas que você vai encontrar no capítulo "Jantar festivo" (p. 234).

Rende: 8 porções
Tempo de preparo: 1 hora
Tempo de marinada: de 12 a 48h
Utensílio: panela de pressão

Para o lombo
1 a 2 lombos (miolos) de jaca verde (vai depender do tamanho)
¼ de xícara (chá) de azeite extravirgem
1 porção de marinada natalina
1 ½ litro de água
folhas frescas de sálvia
1 punhado generoso de sal
azeite e pimenta-do-reino a gosto

Para a marinada
½ xícara (chá) de shoyu
½ xícara (chá) de vinho tinto
1 xícara (chá) de sumo de laranja
¼ de xícara (chá) de azeite de oliva
2 colheres (sopa) de vinagre de maçã
2 colheres (sopa) de melado de cana
½ colher (sopa) de orégano
1 ½ colher (sopa) de cebola em pó
2 colheres (sopa) de alho em pó
1 colher (sopa) de páprica defumada
20 gotas de tabasco
30 espirradas de spray de fumaça líquida (p. 162)

1 colher (sopa) de mostarda
1 colher (chá) de sal rosa
2 colheres (sopa) de *nutritional yeast* (opcional)

Marinada
Misture todos os ingredientes.

Lombo
Corte os lombos ao meio, formando 4 partes. Para que a marinada incorpore bem, faça furinhos de ponta a ponta por todo o lombo, mas com delicadeza.

Tempere com o azeite, a pimenta-do-reino e o sal. Aqueça bastante o azeite em uma frigideira em fogo alto e sele os lombos até dourarem bem de todos os lados — deve se formar uma casquinha.

Se tiver tempo, incorpore a marinada e deixe por 1 dia ou 2 na geladeira, para que a jaca absorva os sabores.

Coloque os lombos em uma panela de pressão. Adicione a marinada, as folhas de sálvia e a água, ultrapassando 5 dedos acima da altura da jaca. Tampe e deixe cozinhar por 50 minutos depois que pegar pressão. Fique atento ao nível de água para não queimar — depende bastante do tamanho da panela.

Desligue o fogo e abra a panela para checar a água. Se ainda houver líquido, volte para a pressão por mais alguns minutos, até secar e formar um molho espesso. Reserve o molho.

O lombo pode ser servido inteiro, como na foto, colocando-os lado a lado (os 4 juntos, inclusive, dependendo do tamanho do lombo e do refratário em que você irá servir). Despeje o molho por cima para cobrir as emendas, finalize com ervas frescas e batatas bolinha carameladas (p. 260).

DICA

- Encontrar o lombo da jaca pronto não é tão usual, e se aventurar a abrir uma jaca não é para qualquer um. Em São Paulo existe a Jaca Box, uma empresa que eu adoro e em que confio, que comercializa a jaca em diversas formas, inclusive como lombo.

Como escolher sua jaca

Utilizar a jaca ainda verde em preparações salgadas é uma ótima alternativa para trazer criatividade na hora de cozinhar. Por ter uma textura firme e um sabor extremamente neutro (quando ainda verde, claro), é um ótimo substituto para receitas em que normalmente se utilizaria uma proteína animal.

A jaca pode ser de duas variedades: mole ou dura. A dura é maior, com gomos mais firmes; já a mole é menor, mais doce e tem aroma mais forte. As duas podem ser utilizadas na cozinha quando ainda estão verdes, mas a jaca dura é a mais indicada, porque tem uma textura mais fibrosa e sabor mais neutro.

Para escolher sua jaca é só apertar: se ela ceder, é porque já está madura, e não servirá para uma receita salgada.

Hoje é possível encontrar alguns fornecedores de carne de jaca já desfiada, por exemplo, mas nada como preparar com nossas próprias mãos. Além disso, acredito que em muitos lugares é muito mais fácil encontrar uma jaqueira do que a carne de jaca já pronta.

Mas como abrir a jaca?

A jaca tem uma cola branca bastante pegajosa que demora para sair, então todo cuidado é pouco para não se melecar por completo. Uma dica boa para evitar isso é passar algum óleo vegetal nas mãos e na faca — azeite ou outro à sua escolha.

Lave bem a jaca usando uma escovinha, para tirar todos os resíduos entre as ondulações da casca.

Pegue uma tábua de corte e uma faca grande. Se quiser ter menos trabalho na limpeza, envolva a tábua com filme plástico, dando duas voltas para prender bem.

Corte a jaca ao meio, no comprimento. Passe mais óleo na faca e continue cortando. O restante do corte vai depender de qual parte você deseja utilizar. Se for preparar o lombo (p. 194), precisa tirar o miolo com delicadeza para mantê-lo inteiro.

Se não tiver força para cortar no comprimento, pode fazer fatias grandes e depois novos cortes. Mas lembre-se de que o tipo de corte interfere na finalização do seu prato.

- Este prato também pode ser servido fatiado. Corte tiras de 2 dedos de espessura e leve para grelhar novamente em um pouco de azeite, para agregar sabor e textura. Finalize com o molho extra e ervas frescas.

PARECE, MAS NÃO É!

BACON DE TOFU

Rende: 1 porção
Tempo de preparo: 15 minutos
Tempo sugerido de marinada: 1 hora
Utensílio: frigideira ampla

Sempre tenho esta receitinha pronta na geladeira. Ela traz mais sabor para seu feijão com farofa e dá um toque especial para finalizar massas e saladas!

- 200g de tofu defumado (sugestão: Uai Tofu)
- 1 xícara (chá) de água
- 20 espirradas de spray de fumaça líquida (p. 162)
- 1 colher (sopa) de páprica defumada
- 1 colher (chá) de especiarias a gosto
- 2 colheres (sopa) de azeite
- 1 colher (sopa) de shoyu
- 1 pitada de sal

Corte o tofu em cubinhos de 1 cm × 1 cm ou no formato que desejar.

Ferva a água e adicione a páprica, o sal, o tofu e o spray de fumaça. Deixe descansando por pelo menos 1 hora.

Reserve a água da marinada do tofu. Em uma panela, aqueça o azeite, acrescente o tofu e deixe até selar, mexendo pouco, mas sem deixar queimar.

Adicione o líquido da marinada, tampe a panela e deixe cozinhar por 5 minutos. Depois, abra, para que toda a água seque e o tofu fique crocante.

CARBONARA

Este é um daqueles pratos que agradam a todos os paladares!

Sabe quando você vai receber alguém em casa e não sabe muito bem o que ele gosta de comer? Ou quando quer fazer bonito, mas está sem muito tempo para inventar moda? Esta receita é curinga! A primeira vez que ouvi falar em um carbonara vegano foi com a Nati Luglio, cozinheira de mão-cheia, e desde então ele está sempre presente aqui em casa!

Rende: 4 porções
Tempo de preparo: 30 minutos
Utensílio: liquidificador

320 g de espaguete de quinoa ou outro de sua preferência

Molho
220 g de tofu firme orgânico
⅓ de xícara (chá) de azeite
1 ½ xícara (chá) de água quente
½ dente de alho ralado sem o miolo
ou 1 colher (sopa) de pasta de alho (p. 22)
4 colheres (sopa) de *nutritional yeast* (p. 230)
2 colheres (sopa) rasas de missô claro orgânico (p. 222)
1 colher (sopa) de polvilho doce (opcional para textura aveludada) ou ½ inhame cozido
½ colher (chá) de sal negro ou rosa
1-2 colheres (chá) de sal marinho

Finalização
½ porção de parmesão de amêndoa (p. 230)
1 porção de bacon de tofu (p. 197)
sal negro (p. 186)
pimenta-do-reino moída na hora

Bata no liquidificador os ingredientes do molho, começando pelos líquidos. Acrescente o alho e metade do tofu e bata até ficar aveludado, então adicione os demais ingredientes e bata mais um pouco até obter um creme liso.

Passe para uma panela ampla. Se sua massa ficar pronta rápido, transfira para a panela, aqueça o molho em fogo baixo, tampe e deixe incorporar um pouco.

Veja todas as dicas de como preparar uma massa no ponto certo na p. 228.

Coloque a água para ferver. Cozinhe a massa em água fervente com 1 colher (sopa) de azeite e 1 pitada de sal de especiarias. O tempo de cozimento deve ter 2 minutos a menos do que o sugerido na embalagem, porque a massa vai terminar de cozinhar no molho.

Despeje um pouco da água do cozimento dentro do prato que irá servir (minha sugestão é que seja fundo) para aquecê-lo e para manter a massa quente por mais tempo quando servida. Reserve o restante da água, que pode ser útil para dar o ponto no molho depois que ele esfriar um pouco.

Passe o macarrão para a panela e finalize o cozimento dentro do molho, mas tome cuidado para não passar do ponto — a massa deve ficar *al dente*, pois vai continuar cozinhando quando for para o refratário.

Acerte os temperos e, se necessário, a textura do molho com um pouco da água reservada, mas não se esqueça de que ele encorpa um pouco depois que esfria. Adicione metade do bacon e incorpore.

Sirva, conforme a sugestão, em um prato fundo e aquecido — descarte a água do prato caso tenha feito esse procedimento. Finalize com bastante pimenta-do-reino, sal negro e azeite. Salpique o bacon restante e um punhado generoso de parmesão de amêndoa.

PARECE, MAS NÃO É!

QUEIJO CREMOSO TIPO CHÈVRE

Rende: 4 porções
Tempo de preparo: 20 minutos
Tempo de fermentação: 12 a 24 horas (opcional)
Tempo de resfriamento: 2 dias
Utensílio: liquidificador bem potente, de
  preferência com socador, ou mixer de mão

Quando as pessoas pensam em uma alimentação livre de laticínios, a maior dificuldade é pensar em uma vida sem queijo. Trago para você esta versão feita com castanhas que lembra a textura do queijo chèvre e que vai matar muito a saudade de quem precisou ou optou por não comer ou por diminuir o consumo dos derivados animais.

Para liquidificador com socador ou mixer de mão potente
  4 xícaras (chá) de castanha-de-caju crua
    e hidratada
  2 a 3 colheres (sopa) de missô claro orgânico
  1 ½ a 2 colheres (chá) de sal rosa
  3 colheres (sopa) de *nutritional yeast* suave
  2 colheres (sopa) de sumo coado de limão

Para liquidificador sem socador
  4 xícaras (chá) de castanha-de-caju crua
    e hidratada
  2 a 3 colheres (sopa) de missô claro orgânico
  1 ½ a 2 colheres (chá) de sal rosa
  3 colheres (sopa) de *nutritional yeast* suave
  2 colheres (sopa) de sumo coado de limão
  ¾ de xícara (chá) de água

Para a fermentação
  ¾ de xícara (chá) de rejuvelac ou 1 sachê de
    probiótico + ¾ de xícara (chá) de água

Hidrate as castanhas até que fiquem totalmente macias. Se necessário, deixe de molho em água fervente até chegarem à consistência ideal.

DICA
• **Para esta preparação é fundamental seguir atentamente todo o passo a passo de hidratação e de como trazer textura para receitas com castanhas.**

*Liquidificador com socador
ou mixer de mão potente*
Adicione todos os ingredientes, incluindo os ingredientes da fermentação, e bata por alguns minutos. Use o socador para incorporar bem todos os ingredientes e certifique-se de que o creme está totalmente aveludado e sem nenhum pedaço de castanha.

Liquidificador sem socador
Adicione os líquidos (água, limão e ingredientes da fermentação) e os temperos (sal rosa, missô, *nutritional*) e acrescente 1 xícara de castanhas. Bata até obter um creme liso e totalmente sem pedaços. Vá adicionando as castanhas aos poucos — só coloque mais à medida que a textura for ficando brilhante e sem nenhum pedaço. Uma textura aveludada e viçosa é fundamental, então acrescente mais líquido, se necessário, e ajuste os temperos.

Fermentação
Coloque a mistura em uma vasilha de vidro, cubra com um pano de prato limpo e deixe em temperatura ambiente por 8 a 48 horas em um local limpo e bem fresco. A textura vai mudar e o gosto característico se acentuará a cada dia. Quanto mais tempo deixar, mais forte será o sabor.

Se o dia estiver muito quente, o queijo pode mofar, então o ambiente precisa ser bem fresco. Se optar por colocar na geladeira, certifique-se de que o chèvre já esfriou por completo. A geladeira vai desacelerar a fermentação.

Finalização
Use-o como um queijo cremoso ou modele no formato desejado: faça bolinhas e sirva com azeite e pimenta rosa ou, se preferir, modele com ajuda de um filme plástico. Para isso, dê um nó na ponta e faça um rolinho, apertando a outra ponta. Outra opção é utilizar um aro de metal, apertando com a ajuda de uma colher e modelando até ficar uniforme. Leve para gelar e firmar por pelo menos 2 dias antes de desenformar.

Dura de 15 a 30 dias se bem armazenado.

Probióticos
Probióticos são produtos que contêm micro-organismos vivos que proporcionam benefícios para nossa flora intestinal.

No uso culinário ele contribui no processo da fermentação, dando características reais dos laticínios. É encontrado com facilidade em farmácias e lojas de produtos naturais.

PARECE, MAS NÃO É!

FONDUE

Rende: 4 porções
Tempo de preparo: 30 minutos
Utensílio: panela de fondue

2 ½ xícaras (chá) de castanha-de-caju crua
e sem sal já hidratada (p. 264)
1 inhame grande cozido
½ xícara (chá) de azeite de oliva
2 xícaras (chá) de leite vegetal neutro
(sugestão: amêndoa ou castanha)
3 xícaras (chá) de água filtrada
⅓ + 1 colher (sopa) de sumo de
limão-siciliano coado
⅓ de xícara (chá) de polvilho doce
4 colheres (chá) rasas de sal rosa
2 colheres (café) de alho em pó ou 1 colher
(sopa) de pasta de alho (p. 22)
4 colheres (sopa) de missô claro orgânico
1 xícara (chá) de _nutritional yeast_ suave
2 colheres (chá) de melado de cana
2 colheres (chá) de cúrcuma

Para finalizar
½ xícara (chá) de vinho branco

Para acompanhar (sugestões)
pão de fermentação natural
legumes cozidos no vapor (brócolis, pupunha,
couve-flor, tomate-cereja)

Descarte a água das castanhas e coloque metade delas no liquidificador. Bata com o leite vegetal até obter um creme totalmente liso.

Adicione o restante das castanhas e, se necessário, um pouco da água para ajudar a bater e manter a textura aveludada.

Acrescente o inhame picado e os demais ingredientes e bata até obter um creme liso. Vá colocando água aos poucos para chegar à textura desejada.

Finalização
Coloque essa mistura em uma panela e, em fogo baixo, mexa sem parar por 5 minutos.

Adicione o vinho branco, mexa até reduzir bem e atingir ponto de queijo derretido.

DICAS
• Para facilitar na hora de descascar o inhame e ter um aproveitamento integral da polpa, cozinhe-o com a casca. Lave bem e cozinhe até ficar bastante macio. Deixe esfriar um pouco e puxe a casca com as mãos.

• Como acompanhamento, você também pode cortar o tofu no palito do capítulo "Churrasco" (p. 150) em cubinhos e servir no lugar do pão.

• O _nutritional yeast_ faz toda a diferença no sabor final. Prove antes de colocá-lo, caso nunca tenha usado — alguns têm o sabor muito forte ou uma coloração mais escura, que podem interferir no resultado final. Eu gosto dos flocados de cor clara e sabor suave.

QUEIJO *BLEU* (TIPO ROQUEFORT/ GORGONZOLA)

Rende: 3 unidades de aprox. 120 g
Tempo de preparo: 30 minutos
Tempo de fermentação: 4 a 6 semanas
Utensílios: liquidificador com socador ou mixer de mão pequeno/médio bem potente, 3 aros de metal de aprox. 7,5 cm, papel dover e pincel

Este queijo ganhou meu coração desde a primeira vez que vi a Cynthia Brant postando sobre ele. Ela é expert em *rawfood* e a primeira pessoa aqui no Brasil que eu vi falar sobre queijos veganos mofados. Além de dar aulas e ensinar essas delícias, ela é fundadora da marca de queijos veganos La Fromagerie Vegan. Apaixonados por queijos, preparem-se para essa experiência!

4 xícaras (chá) de castanha-de-caju crua e sem sal já hidratada (p. 264)
50 ml de água filtrada (somente se necessário)
2 colheres (chá) de sal marinho (1 colher para a massa e 1 para a salmoura do final)
1 g de probióticos/ fermentos para fermentação (p. 200: chèvre)
1 ml de cultura líquida para roquefort (*Penicillium roqueforti*)

Bata as castanhas já hidratadas e bem macias, 1 colher (chá) de sal marinho, o probiótico e a cultura liquida até obter um creme bem liso e sem pedaços. Use o mínimo possível de água e não ultrapasse os 50 ml. Esse processo pode demorar bastante, mas tenha paciência, pois a textura final vai fazer toda a diferença.

Transfira para uma tigela de vidro e deixe fermentar fora da geladeira por 2 a 6 horas, tampada com voal.

Corte um pedaço de papel dover com o lado brilhante virado para cima, coloque o aro sobre ele, adicione o queijo e nivele com uma espátula para deixá-lo reto.

Leve para a geladeira por 30 minutos para firmar, depois desenforme com cuidado.

Prepare uma marinada (p. 150) diluindo 1 colher (chá) de sal em ¼ de xícara (chá) de água. Passe com o pincel em todos os lados do queijo, coloque em um refratário (preferencialmente de vidro) com tampa com boa vedação e mantenha na geladeira.

Este preparo requer bastante atenção; afinal, seu queijo demorará de 4 a 6 semanas para ficar pronto. Durante esse período é preciso virá-lo dia sim, dia não.

Depois de 10 a 15 dias, um fungo verde-claro terá coberto a superfície dele. Nesse momento, faça alguns furos com ajuda de um garfo na parte de cima do queijo para que os fungos penetrem nele. Esse processo deve ser feito duas vezes, uma de cada lado, nos dias de viragem.

Depois de 3 a 5 semanas, quando estiver coberto de fungo verde-escuro, embale em papel acoplado ou a vácuo. Ele dura 6 meses no congelador e 15 dias na geladeira após a data de embalagem.

DICA
• Durante o período em que o queijo ficar maturando em um pote na geladeira, evite que haja outros queijos maturando ou alimentos abertos dentro dela, para que não haja contaminação dos fungos roquefort nesses outros alimentos e vice-versa.

PARECE, MAS NÃO É!

DOCE DELEITE

Rende: 4 porções
Tempo de preparo: 20 minutos
Utensílio: liquidificador

1 xícara (chá) de castanha-de-caju hidratada (p. 264)
¾ de xícara (chá) de açúcar de coco
¾ de xícara (chá) de água morna
2 colheres (sopa) de manteiga de cacau, manteiga vegana ou óleo de coco sem sabor
⅓ de colher (café) de sal rosa
flor de sal para finalizar (opcional)

Coloque metade das castanhas em um liquidificador com a água e a manteiga de cacau e bata até obter um creme totalmente liso e homogêneo.

Vá adicionando as castanhas pouco a pouco para manter a consistência aveludada e sem nenhum pedaço. (Isso pode demorar uns minutinhos, dependendo do seu liquidificador.) Acrescente o açúcar de coco e o sal e bata mais um pouco.

Coloque em uma panela e leve ao fogo médio-baixo para reduzir. Mexa sempre até chegar ao ponto de brigadeiro e desgrudar da panela — isso deve levar de 15 a 20 minutos.

Use como recheio de bolos e tortas ou coma de colher com 1 pitada de flor de sal.

DICAS

• A textura nesta preparação é extremamente importante, e a quantidade de água vai variar de acordo com a potência do seu liquidificador. Coloque a quantidade mínima de água e vá adicionando mais, se necessário, até chegar a uma textura totalmente lisa.

• Se não tiver deixado as castanhas de molho, coloque em água fervente ou cozinhe por 20 minutos para chegar mais rápido à textura macia. Lembre-se de que elas aumentam de volume depois de demolhadas, então preste atenção na quantidade que vai colocar de molho.

• Para dar um toque argentino, adicione gotinhas de extrato de baunilha quando for bater os ingredientes.

• Mantenha refrigerado e consuma em até 10 dias.

Então aproveite para preparar o alfajor (p. 208), que leva este doce deleite como base!

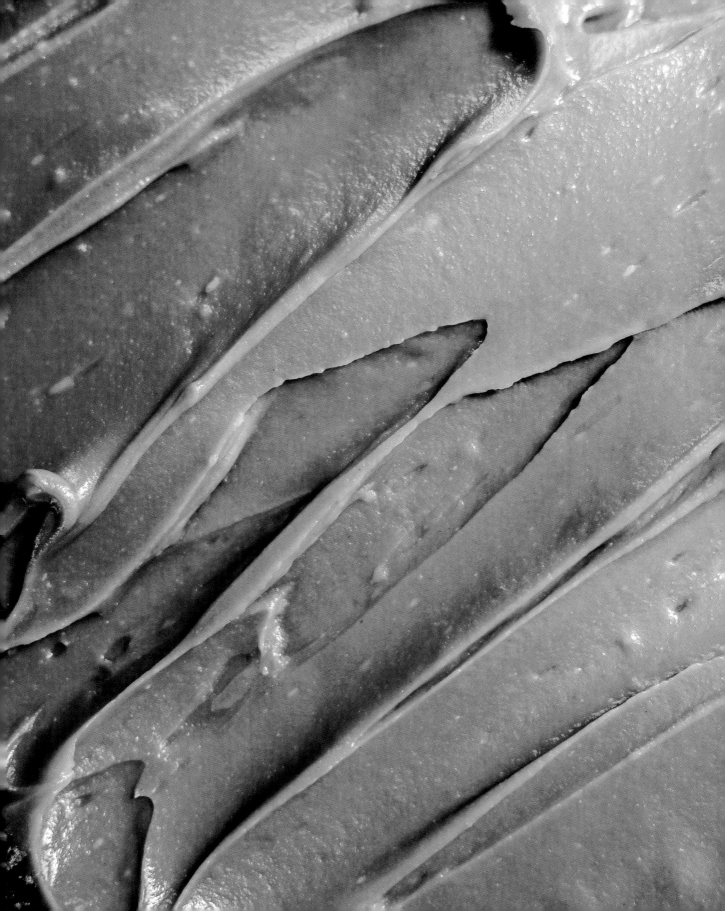

ALFAJOR

Rende: 6 porções
Tempo de preparo: 1 hora
Utensílios: papel dover, assadeira de aproximadamente 12 cm × 20 cm e cortador de 4 cm

Para a bolacha
8 colheres (sopa) de farinha de amêndoa
3 colheres (sopa) de farinha de aveia sem glúten
2 colheres (sopa) de farinha de arroz
2 ½ colheres (sopa) de açúcar de coco
¼ de xícara (chá) de leite de amêndoa (60 ml) (p. 72)
1 colher (sopa) de xarope de bordo ou outro adoçante de sua preferência
2 colheres (sopa) de manteiga de cacau derretida (ou outro óleo neutro)
½ colher (chá) de extrato natural de baunilha
1 pitada de canela
½ colher (café) de sal
1 colher (chá) de farinha de linhaça
1 colher (sopa) de água (15 ml)

Para o recheio
1 porção de doce deleite (p. 206)
flor de sal a gosto

Para a finalização
Opção 1: chocolate
½ xícara (chá) de chocolate em barra 70%

Opção 2: açúcar de coco
¼ de xícara (chá) de açúcar de coco pulverizado
¼ de xícara (chá) de manteiga de cacau

Bolacha
Preaqueça o forno a 180° C.

Prepare o "ovo" de linhaça: em uma tigela pequena, misture a farinha de linhaça com uma colher de sopa de água. Deixe descansar por 3 a 5 minutos.

Em uma tigela, misture as farinhas, sal e açúcar de coco. Despeje o leite de amêndoa, o xarope de bordo, a manteiga de cacau derretida, o extrato de baunilha e a linhaça. Mexa até incorporar bem.

Transfira a massa para a assadeira, usando a parte de trás de uma colher para espalhar. O ideal é que haja espaço para cortar (apenas depois de assar) e não sobre muita massa nas laterais. Leve para assar por 10 minutos.

Tire do forno e corte a massa em 10 bolinhas com o auxílio de um cortador. Coloque-as já modeladas em uma assadeira e volte para o forno por mais 5 a 7 minutos. Transfira para um recipiente frio e deixe esfriar.

Recheio
Recheie a bolacha com 1 a 2 colheres de sopa do doce deleite já gelado. Salpique flor de sal sobre o recheio e feche com outra bolacha. Ajuste as laterais para que o doce deleite não vaze e ponha para gelar por pelo menos 1 hora.

Finalização
CHOCOLATE
Rale o chocolate e leve para derreter em banho-maria (p. 210), mas tire do fogo antes de derreter por completo — deixe ⅓ sem derreter, para não destemperar o chocolate.

Forre um prato com papel dover, deixando a parte brilhante para cima. Mergulhe o alfajor no chocolate e deixe esfriar sobre o papel, caso o dia esteja fresco. Se estiver fazendo calor, volte para a geladeira para firmar.

AÇÚCAR DE COCO
Pulverize o açúcar de coco, batendo-o no liquidificador.

Derreta a manteiga de cacau, passe em volta do alfajor já gelado e polvilhe o açúcar de coco.

PARECE, MAS NÃO É!

BANHO-MARIA

O banho-maria é uma técnica de cozimento à base de calor indireto, utilizado no preparo de alimentos que não podem aquecer demais.

O banho-maria permite derreter, cozinhar ou esquentar os ingredientes de forma lenta e uniforme.

Coloca-se o recipiente com o alimento dentro de outro maior, que deve estar com água quente. Você pode colocar o recipiente grande direto no fogo (pode ser uma panela, por exemplo) ou levar ao forno.

Ele é muito usado para derreter chocolate, cozinhar pudim ou preparar caldas e molhos. Tanto no preparo de molhos quanto derretendo chocolates, mexa sempre para homogeneizar o cozimento.

Açúcar de coco

Além de extremamente saboroso, o açúcar de coco tem vários benefícios. Seu baixo índice glicêmico faz com que a liberação de energia no organismo ocorra de forma mais lenta, mantendo-nos com mais vitalidade e energia prolongada.

Entre seus maiores benefícios estão a grande quantidade de potássio, magnésio, zinco e ferro, além de ser uma fonte natural de vitaminas do complexo B.

Por não passar pelo processo de refinamento, mantém suas vitaminas e minerais originais.

TEMPERAMENTO/
COBERTURA DE CHOCOLATE

Fazer uma crostinha crocante nas receitas de chocolate muitas vezes foi um grande desafio para mim. Depois que aprendi algumas dicas curingas com meu amigo cacauzeiro, o Diego da AMMA Chocolates, tudo mudou!

Estas dicas farão toda a diferença quando você for preparar o "Sonho de Valsa" (p. 182) ou o Alfajor (p. 208).

• É fundamental que o chocolate da cobertura não tenha nenhum contato com água; por isso, é muito importante que a tigela/bowl que você for utilizar para derreter o chocolate em banho-maria seja maior do que a panela, para não deixar escapar o vapor.

• De preferência utilize um bowl/tigela de vidro para efetuar o derretimento.

• Corte o chocolate em pequenos pedaços ou rale antes de derreter.

• Reserve uma parte do chocolate (¼ a ⅓) para colocar apenas no final, quando tiver tirado a tigela do fogo, para temperar e diminuir a temperatura do chocolate.

• Utilize o óleo de coco para deixar o chocolate mais fino na hora de banhar.

• Nunca utilize o chocolate derretido muito quente; depois de incorporar o restante do chocolate e o óleo de coco, mexa por alguns minutos, deixando o chocolate assentar e resfriar.

• Deixe na geladeira ou congelador o que for ser banhado; quanto maior o choque, mais firme e durinho o chocolate vai ficar.

PARECE, MAS NÃO É!

BRIGADEIRO DE COLHER

Rende: 2 porções
Tempo de preparo: 20 minutos
Utensílio: liquidificador

Aqui vai uma releitura do tradicional brigadeiro para você comer de colher!

- 1 xícara (chá) de castanha-de-caju crua e sem sal já hidratada por 12 horas (¾ antes de hidratar) (p. 264)
- 1 xícara (chá) de açúcar de coco pulverizado (p. 48)
- 1 ½ xícara (chá) de água quente
- 1 colher (sopa) de manteiga de cacau ou óleo de coco sem sabor
- 2 a 4 colheres (sopa) de cacau em pó
- ½ colher (café) de sal rosa

Bata metade das castanhas com a água até obter um creme totalmente uniforme e aveludado. Adicione o restante das castanhas e bata bastante, até ficar bem aveludado. Adicione os demais ingredientes e bata até incorporar bem.

Leve ao fogo bem baixo em uma panela ampla e mexa por 15 a 20 minutos, até reduzir e chegar ao ponto de brigadeiro.

Coma quentinho e salpique flor de sal. Se optar por consumir gelado, tire do fogo um pouco antes de dar o ponto, pois ele endurece quando vai para a geladeira.

DICAS
- Faça um ponto mais firme e prepare tortas de brigadeiro ou um ponto mais mole para servir de calda para bolo ou para mergulhar frutas da estação.

- Fique atento ao fogo: ele deve ser bem baixo, porque, se aquecer demais, a gordura pode se separar. Se isso acontecer, bata tudo novamente no liquidificador para obter a textura aveludada.

Cacau

O cacau é um dos alimentos mais incríveis que conheço. Além do sabor marcante e intensamente gostoso, ele é superversátil: origina cacau em pó, manteiga, mel, nibs e por aí vai!

É perfeito para receitas doces, mas também cai muito bem em preparações salgadas.

Os nibs vão em saladas de grãos (p. 252); o cacau em pó pode dar um charme e tirar da mesmice de um homus de grão-de-bico; o mel pode ser utilizado em molhos para temperar legumes e saladas; a manteiga fica maravilhosa para refogar legumes, alho e cebola.

Nem preciso mencionar as receitas doces, né? Chocolate quente, bolo, cookies, sorvetes e, claro, brigadeiro!

JANTAR DESCONTRAÍDO

Tem coisa mais gostosa do que sentar com pessoas queridas em volta de uma mesa repleta de comida gostosa e colocar o papo em dia?

Neste capítulo você vai encontrar receitinhas que vão deixar seus convidados se sentindo em casa. São receitas coloridas e descontraídas para quebrar qualquer gelo!

Nada melhor do que receber sem cerimônia; então, para este capítulo, a Pati Castelo preparou dois masalas — um sal defumado e uma pimenta de moedor — para cada um dar o toque final nas preparações.

MASALA

MIX DE PIMENTAS E SAL DEFUMADO

Existe uma diferença entre cozinhar para nós e cozinhar para nossos convidados.

Precisamos levar em consideração que nem todo mundo gosta de uma comida muito condimentada, em especial quando se trata de pimenta. Algumas pessoas são realmente muito sensíveis a elas. Ter o cuidado de dar a opção para seu convidado faz toda a diferença.

Então, a minha sugestão é brincar com alguns temperos para que todos possam ter a experiência sensorial mais agradável e personalizada possível.

Mix de pimentas para moedor
Misture 1 colher (sopa) de pimenta-do-reino preta em grãos, 1 colher (sopa) de pimenta-do-reino branca em grãos, 1 colher (sopa) de pimenta-da-jamaica em grãos e ½ colher (sopa) de pimenta rosa. Se você desejar adicionar um sabor mais exótico, experimente acrescentar 1 colher (chá) de sementes de endro.

Sal defumado
Sempre tem quem goste de colocar um pouco mais de sal na comida. E se esse sal tiver um sabor especial? Experimente misturar 100 gramas de sal grosso com 5 gramas de páprica defumada. Pulse em um processador apenas para que os dois se misturem e depois transfira para um moedor.

SHOT   JANTAR DESCONTRAÍDO

KOMBUCHA COM ZIMBRO

Rende: 4 shots ou 1 porção
Tempo de preparo: 2 minutos

    1 kombucha
    1 laranja espremida
    um punhado de zimbro
    rodelas de limão (opcional)
    1 ramo de alecrim (opcional)

Divida o sumo de laranja em 4 copinhos pequenos, adicione a kombucha e finalize com o zimbro.

Se quiser que sua bebida fique com cara de drinque alcoólico, adicione muito gelo a uma taça de vinho com boca larga, arrume as rodelas de limão nas laterais, adicione o suco de laranja, a kombucha e o zimbro.

Esfregue o ramo de alecrim nas mãos para desprender o aroma e coloque-o sobre a bebida.

DICA
• Use tônica no lugar da kombucha, acrescente uma dose de gim e prepare um gim-tônica com os mesmos ingredientes do shot. Adicione bastante gelo e *viva la vida*!

Zimbro
O zimbro é a semente do fruto do junípero, um pinheiro nativo do norte da Europa. Muito utilizado na culinária escandinava com uma variedade de pratos, principalmente os de sabor forte, é mais conhecido por seu uso como aromatizante de bebidas como o gim e algumas cervejas artesanais.

É utilizado também em batatas, conservas e marinadas com vinho branco e mel. Seu sabor é amadeirado e levemente picante.

JANTAR DESCONTRAÍDO

AVOCADO TOAST

Rende: 2 a 4 porções
Tempo de preparo: 20 minutos

2 fatias de pão de fermentação natural
4 flores de avocado (p. 220)
½ porção de homus pink (p. 68)
ou outra pastinha de sua preferência
4 colheres (sopa) de molho de tahine (p. 125)
brotos e flores comestíveis
pimenta-do-reino moída na hora

Corte o pão em fatias de um dedo de espessura.

Tempere com sal e um fio de azeite e coloque em uma torradeira ou aqueça na frigideira até dourar suavemente.

Acrescente os demais ingredientes sobre a torrada nesta sequência: homus pink, flor de avocado e molho de tahine.

Finalize com pimenta-do-reino moída na hora, brotos e flores comestíveis

JANTAR DESCONTRAÍDO

FLOR DE AVOCADO

Rende: 2 a 4 porções
Tempo de preparo: 10 minutos

Nada como uma finalização diferente para dar um toque especial em uma preparação "simples". O avocado é um ingrediente que, se não for bem temperado com os ingredientes certos para não oxidar, pode acabar com o resultado final.

Aqui vou ensinar como fazer uma flor com avocado. Se a sua não sair bonita de primeira, não desanime, pois a prática leva à perfeição! Esse corte também pode virar leques ou ter outros formatos. Use a imaginação!

> 2 avocados maduros
> sumo coado de 1 limão-siciliano
> 1 colher (sopa) de azeite
> 1 colher (chá) de sal rosa

Corte o avocado ao meio na horizontal, descasque e tire o caroço. (Uma forma prática de tirar o caroço é fincar a faca nele e, depois de bem firme e presa, girar a fruta até soltar.)

Vire a parte plana para baixo e, com uma faca untada com azeite, corte em finas fatias, o mais fino que conseguir. Com delicadeza, vá formando uma fileira com as tiras sem deixar que uma solte da outra.

Pegue a ponta onde está a últma camada cortada e enrole para dentro. É importante enrolar para o lado onde está apenas a pontinha do avocado, pois, se enrolar para fora, a flor vai desmontar. Vá enrolando com cuidado até formar uma flor. Coloque o sumo de limão-siciliano e um fio de azeite por cima para não oxidar e tempere com sal e pimenta-do-reino.

DICA
• Existem diversos vídeos na internet com passo a passo para montar essas flores!

JANTAR DESCONTRAÍDO

PASTA DE AMENDOIM AO MISSÔ

Rende: 2 a 4 porções
Tempo de preparo: 10 minutos

Muitos vão achar esta misturinha um pouco esquisita. Amendoim, nibs de cacau, missô? Sim! Saia do básico e aventure-se em sabores novos!

- ½ xícara (chá) de pasta de amendoim sem açúcar
- 2 colheres (sopa) de água ou mais
- 1 colher (sopa) de missô claro (p. 222)
- 1 colher (sopa) de shoyu sem glutamato
- 1 colher (chá) de vinagre de maçã
- 2 colheres (sopa) de melado de cana
- 2 colheres (sopa) de amendoim torrado picadinho
- 2 colheres (sopa) de nibs de cacau (opcional)

Incorpore bem todos os ingredientes e mantenha refrigerado por até 1 mês.

Shoyu

Para falar sobre esse ingrediente tão especial, convidei o Paulo Yamaçake, da Origem Temperos, um amigo que entende tudo do assunto.

"O shoyu é um molho fermentado de origem asiática que em geral é feito de soja, trigo e sal (assim como o missô, alguns ingredientes podem ser alterados dependendo da região). Além do sal, a presença marcante do shoyu é graças ao que os japoneses chamam de umami, o quinto sabor, capaz de realçar o sabor dos outros alimentos — como se fosse uma lente de aumento para a satisfação nos outros sabores da comida.

É importante consumir um shoyu de fermentação natural e sem aditivos químicos. Afinal, a qualidade faz toda a diferença, já que é a fermentação natural que gera o umami — hoje a indústria reproduz o sabor umami com um produto sintético, o realçador artificial de sabor."

JANTAR DESCONTRAÍDO

TOAST DE COGUMELOS, AMENDOIM E MISSÔ

Rende: 2 a 4 porções
Tempo de preparo: 30 minutos

2 fatias de pão de fermentação natural
1 xícara (chá) de ragu de cogumelos (p. 224)
½ xícara (chá) de pasta de amendoim
    ao missô (p. 221)
¼ de xícara (chá) de parmesão de amêndoa
    (p. 230) (opcional)

Para finalizar
rúcula selvagem
pimenta-do-reino moída na hora
óleo de gergelim torrado ou um bom azeite

Corte o pão em fatias de um dedo de espessura.

Tempere com sal e um fio de azeite e coloque em uma torradeira ou aqueça na frigideira até dourar suavemente.

Disponha os demais ingredientes sobre a torrada nesta sequência: pasta de amendoim ao missô, cogumelos, parmesão de amêndoa e rúcula selvagem.

Finalize com pimenta-do-reino moída na hora e óleo de gergelim torrado ou azeite.

SUBSTITUIÇÃO
• Salpique amendoim torrado no lugar do parmesão de amêndoa.

Missô

Paulo Yamaçake, da Origem Temperos, volta para nos contar um pouco mais sobre outro ingrediente milenar. Provei seu missô feito a partir do grão-de-bico, que ganhou meu coração!

"O missô é um tempero fermentado por até 3 anos e é feito majoritariamente de soja, arroz e sal, mas os ingredientes podem mudar de acordo com a região.

O missô é rico no que os japoneses chamam de umami, o quinto sabor, que tem o poder de ampliar a satisfação dos outros sabores no alimento. Ingrediente extremamente nutritivo, é rico em vitaminas, enzimas digestivas e probióticos — já foram encontrados mais de 160 probióticos no missô!

A procedência do ingrediente é muito importante, já que a maioria no mercado é feita com ingredientes transgênicos e com agrotóxicos, é pasteurizada (sem probióticos e enzimas) e contém aditivos químicos."

JANTAR DESCONTRAÍDO

RAGU DE COGUMELOS

Rende: 2 a 4 porções
Tempo de marinada: 30 minutos a 12 horas
Tempo de preparo: 40 minutos
Utensílio: assadeira

Há duas formas de preparar um bom ragu de cogumelos: na frigideira, que é mais rápida, porém demandará sua atenção do começo ao fim, e no forno, que exigirá umas espiadinhas de vez em quando e demanda um tempo maior de preparo. Para deixar a receita mais gostosa, deixe os cogumelos marinando desde o dia anterior.

400 g de cogumelos frescos da sua preferência (sugestão: portobello e shitake)

Para a marinada
1 colher (sopa) de pasta de alho (p. 22)
3 colheres (sopa) de azeite
1 colher (sopa) de sumo coado de limão
sumo coado de 2 laranjas
3 colheres (sopa) de shoyu
cebolinha-francesa
ou nirá finamente picada
3 colheres (sopa) de *nutritional yeast* (opcional)
1 colher (chá) de gengibre ralado (opcional)
¼ de xícara (chá) de vinho branco ou saquê (opcional)

Para finalizar
2 dentes de alho finamente picados
3 colheres (sopa) de azeite
¼ de xícara (chá) de cebolinha-francesa finamente picada

Marinada
Misture os ingredientes da marinada e incorpore aos cogumelos. Deixe descansar por pelo menos 30 minutos. Se possível, faça na véspera e deixe por 12 horas na geladeira.

Cogumelos
Limpe os cogumelos com um papel-toalha.

Tire os talos com as mãos — eles soltam facilmente se tirados com jeitinho. Assim, você despreza a parte mais dura do talo, que acaba deixando uma textura firme demais. Reserve-os para fazer caldos ou sopas.

Corte os cogumelos em cubos ou em tiras finas e coloque na marinada.

Frigideira
Aqueça uma frigideira e refogue o alho no azeite. Adicione os cogumelos, reservando o molho da marinada. Aumente bem o fogo para deixar os cogumelos levemente selados, adicione a marinada, abaixe um pouco o fogo e tampe. Deixe absorver todo o sabor, destampe e espere a marinada reduzir quase totalmente, até a consistência de sua preferência.

Forno
Preaqueça o forno a 200ºC. Coloque todos os ingredientes da marinada, os cogumelos e o alho finamente picados em um refratário que os comporte sem sobrar muito espaço e que vá ao forno. Tampe com outro refratário ou assadeira ou use papel-manteiga. O importante é que o vapor não saia, para não secar.

Asse por 30 minutos, destampe, mexa e volte ao forno. Deixe até secar por completo e ficar levemente crocante nas bordas. Dê uma espiada de tempos em tempos e mexa para que a marinada incorpore por igual aos cogumelos.

Finalização
Incorpore as ervas frescas depois que esfriar um pouco e ajuste os temperos.

DICAS
• Use em toasts, recheios para tortas e escondidinhos ou em risotos e nhoques.

• Adicione tomates sem pele nem sementes na marinada e leve para assar se for usar em preparações como molhos para massas e nhoque.

SUBSTITUIÇÃO
• Use qualquer tipo de cogumelo nesta preparação.

JANTAR DESCONTRAÍDO

ESPAGUETE À BOLONHESA DE TEMPEH

Rende: 4 porções
Tempo de preparo: 30 minutos
Tempo de cozimento: 1 hora

Para mim, esta receita tem sabor de infância, de casa dos pais.

Quando comecei a me aventurar em pratos salgados, foi um dos primeiros que aprendi a fazer.

Fiz esta versão vegana para "ganhar o estômago" do papai, que não é nada habituado ao meu estilo de comida.

Uma bela macarronada pode ser uma refeição extremamente nutritiva e repleta de alimentos do bem; basta fazer as escolhas certas e usar a criatividade. Nesta receita, por exemplo, introduzi uma fonte de proteína vegetal e brinquei com alguns ingredientes-chave das macarronadas de Bolonha: tomate, cenoura, cebola e alho.

Para a massa
500 g de espaguete de quinoa
1 pacote de tempeh orgânico (200 g)
3 colheres (sopa) de azeite
2 dentes de alho ralados
1 cebola finamente picada
1 a 2 colheres (chá) de sal de especiarias
2 colheres (chá) de páprica defumada
½ colher (sopa) de ervas secas (orégano, tomilho, sálvia, salsinha)
1 porção de molho de tomate (p. 176)

Para o creme (opcional)
100 g de tofu defumado orgânico
1 ½ colher (sopa) de melado de cana
ou 2 tâmaras medjool sem caroço
2 colheres (chá) de sal marinho
2 xícaras (chá) de água

5 gotas de tabasco ou outra pimenta de sua preferência
1 a 2 colheres de sopa de missô claro
½ dente de alho pequeno ou 1 colher (sopa) de pasta de alho

Outros
1 xícara (chá) de vinho tinto (merlot é uma ótima opção)
½ colher (sopa) de cacau em pó

Para finalizar
um punhado de cebolinha-francesa finamente picada
sal rosa
parmesão de amêndoa (p. 230)
pimenta-do-reino moída na hora

Esfarele o tempeh, deixando-o em pedaços pequenos.

Em uma panela, aqueça o azeite em fogo médio. Quando estiver quente, refogue o alho até dourar, então adicione a cebola e deixe cozinhar, refogando sempre, por pelo menos 10 minutos. Ao final, adicione as ervas e as especiarias.

Enquanto isso, despeje um fio de azeite em uma frigideira grande. Sele o tempeh em fogo bem alto, deixando-o levemente torrado. Faça isso quando a cebola já estiver começando a caramelizar (depois de 8 minutos). Após selado, adicione o tempeh ao refogado. Mexa rapidamente e adicione o vinho.

Coloque o molho de tomate e abaixe o fogo. Deixe o molho curtindo.

Se gostar de um molho mais cremoso, prepare o creme, que é opcional: escorra a água do tofu, corte em cubos e bata com os demais ingredientes até obter um creme homogêneo. Incorpore na panela do molho.

Tampe a panela e cozinhe em fogo médio-baixo por pelo menos 30 minutos, mexendo de tempos em tempos. Se puder, deixe por 1 hora ou até mais.

Se necessário, vá adicionando água quente ou caldo de legumes e mexendo de vez em quando para não grudar.

Quando chegar à textura desejada — com caldo, porém não muito líquido —, adicione o cacau e ajuste os temperos. A ideia é que o molho incorpore bem à massa mas que ainda fiquem pedaços.

Adicione a cebolinha-francesa apenas antes de servir.

Ponha o macarrão para cozinhar (leia a seção de dicas sobre o ponto perfeito que vem a seguir). Tire do fogo um minuto antes, para ficar *al dente*, sem cozinhar demais. Quando estiver pronto, coloque o molho, finalize com ervas frescas e bastante pimenta-do-reino moída na hora, adicione um fio de azeite e capriche no parmesão de amêndoa.

DICA
• Sirva imediatamente em um refratário ou prato preaquecido com água fervente para manter quente a temperatura do macarrão.

SUBSTITUIÇÕES
• Utilize o ragu de cogumelos (p. 224) no lugar do tempeh.

• Use o requeijão de castanha (p. 175) no lugar do creme de tofu.

• Para este molho, outras massas que combinam são o tagliatelle ou o rigatoni.

• Utilize fios de pupunha em forma de macarrão para uma versão *lowcarb*, menos calórica. Lave bem os fios e cozinhe-os no molho para agregar sabor e trazer maciez.

Cacau?
Sim! Ele é o pulo de gato e não pode faltar: traz aroma, cor e sabor para sua preparação. Sabe aquele leve toque que é a cereja do bolo, mas que ninguém identifica o que é? Se eu contasse para algumas pessoas, provavelmente elas já veriam minha macarronada com outros olhos; então algumas coisas guardamos para nós quando o tema é cozinhar para pessoas não habituadas a esse tipo de alimentação.

JANTAR DESCONTRAÍDO

O ponto perfeito

Na hora de preparar uma bela macarronada, o ponto da massa é essencial ao resultado final — antes um molho *mezzo mezzo* que uma massa fria ou cozida demais!

Compartilho aqui algumas preciosidades que aprendi com um casal mais que querido que conheci aqui na Bahia e que já perdeu as contas das centenas de macarronadas que já preparou nessa vida juntos.

Quando anoitece, é só bater uma fominha no Nego, que muito provavelmente lá estará a Ciça colocando uma panela com MUITA água para ferver!

DICAS

• Água, bastante água! Tampe a panela e espere ferver.

• Atenção para a temperatura! Só coloque o macarrão quando a água estiver fervendo bastante.

• Coloque uma quantidade bem generosa de sal na água.

• Na hora de servir, aqueça a travessa e os pratos com água fervente (pode ser a do cozimento) e descarte antes de colocar a massa. Isso manterá sua macarronada quente por mais tempo.

• Muitos molhos acabam ficando mais secos quando esfriam, então adicione a ele um pouquinho de água quente ou despeje um pouquinho de vinho, se estiver tomando, para trazer mais vida às últimas garfadas.

Massas alternativas

Hoje existem diversas marcas no mercado que oferecem massas feitas à base de quinoa, grão-de-bico, feijão... algumas mais quebradiças, outras não.

Aqui você pode usar a massa que quiser, porém vou sugerir a minha preferida, que é um espaguete de quinoa. Há opções de várias cores, mas sugiro comprar a branca, que é mais semelhante à tradicional, tem sabor suave e uma textura firme. Ela deve ser servida na hora, pois é provável que quebre ao ser aquecida novamente, mas para mim é a que mais se assemelha a um espaguete cheio de trigo e é ideal para conquistar o estômago dos que não estão habituados a esse tipo de alimentação.

Por ser rica em fibras, a quinoa auxilia no aumento da saciedade, contribui para o funcionamento regular do intestino e também pode ajudar na redução dos níveis de glicose e colesterol.

Cá entre nós, com esses e outros tantos benefícios que já contei para você quando ensinei a quionese (p. 127), como não comer uma bela macarronada sempre?!

Tempeh

É um alimento feito por meio da fermentação da soja entre folhas de bananeira e, por ter bastante proteína, é um substitutivo comum da carne desde o século XII na Indonésia.

Com mais fibras e proteínas do que o tofu, seu sabor suave funciona muito bem em uma grande variedade de receitas. É necessário caprichar nos temperos ou preparar uma deliciosa marinada para dar vida ao tempeh.

Já existem algumas marcas no mercado, e, além da feita à base de soja, há opções com base de grão-de-bico e lentilha.

JANTAR DESCONTRAÍDO

PARMESÃO DE AMÊNDOA

Rende: 1 porção
Tempo de preparo: 5 minutos
Utensílio: processador de alimentos

Posso dizer que esta receita é uma das minhas queridinhas, além de ser extremamente versátil. Esta "farinha" salgadinha lembra o parmesão e vai bem EM TUDO!

Para finalizar massas ou gratinar lasanhas (p. 180), para usar de base e preparar uma deliciosa farofa (p. 106), para dar um charme àquela salada simplesinha, para empanar... e por aí vai!

E viva a versatilidade das bases veganas!

- 1 xícara (chá) de amêndoa laminada sem pele e crua
- 1 colher (café) de alho em pó
- 1 colher (sopa) de *nutritional yeast*
- ½ colher (chá) de sal marinho
- pimenta-do-reino moída na hora (opcional)

Processe todos os ingredientes até obter uma farinha, com o cuidado de não bater demais, para não ficar oleoso.

DICA
- É essencial que as amêndoas não tenham pele, para que a aparência se assemelhe à do parmesão e não haja interferência no sabor; por isso recomendo as laminadas.

SUBSTITUIÇÕES
- Use farinha de amêndoa no lugar das amêndoas laminadas ou castanhas-de-caju cruas e sem sal.

- Se optar pela farinha de amêndoa, não será necessário bater muito, apenas no modo pulsar do liquidificador.

Levedura nutricional (*nutritional yeast*)
Riquíssimo em vitaminas, principalmente a B12, é um superalimento que não falta no meu dia a dia. Ele dá um gostinho de "queijo" e faz toda a diferença no resultado final dos pratos, agregando nutrientes e sabor.

Fica gostoso em molhos, massas e para finalizar sopas e saladas.

A marca interfere muito, pois alguns têm um sabor muito acentuado. Se puder, prove antes de comprar.

Medidores
Essenciais em qualquer cozinha, são uns dos primeiros utensílios que sugiro comprar antes de começar a fazer suas receitas. Eles trazem segurança e ajudam a ter precisão nas medidas.

Dependendo da preparação, tanto faz se você coloca um pouquinho a mais ou a menos de algum ingrediente — aliás, eu sou a primeira a encorajar a não seguir uma receita à risca. Mas há pratos em que faz toda a diferença medir certinho alguns ingredientes específicos quando for reproduzir pela

primeira vez. Depois de pegar a manha, aí a liberdade é maior. Se você ainda não tem medidores, minha dica é já colocar na sua lista de compras!

    Agora: colher de sopa de vó ou colher de sopa de sogra? Uma colher de sopa de farinha deve ter o mesmo nível que uma colher de sopa de azeite. Uma colher de sopa será sempre uma colher de sopa rasa e nivelada! (Ah, na falta do medidor, use como referência aquela colher grande que costuma vir nos faqueiros de prata. Colher de sopa pequena não vale.)

    Os medidores são uma mão na roda para quem ainda não está com o olho tão treinado e são essenciais para receitas de bolos, massas e pães.

Medidor de xícara
    1 xícara inteira (240 ml) — 16 colheres de sopa
    ½ xícara (120 ml) — 8 colheres de sopa
    ¼ de xícara (60 ml) — 4 colheres de sopa

Medidor de colher
    Colher de sopa (15 ml)
    Colher de chá (5 ml)
    ½ de chá (2,5 ml)
    ¼ de chá (1,25 ml) — 1 colher de café

Copo medidor
    Ideal para ingredientes líquidos com quantidades em ml.

JANTAR DESCONTRAÍDO

BRUXINHA
DE DOCE DELEITE

Rende: 4 porções
Tempo de preparo: 40 minutos
Tempo de refrigeração: 8 a 12 horas
Utensílios: papel-toalha ou dover e refratário
quadrado ou retangular de 10 cm × 10 cm
× 4 cm de altura

Para a bolacha
½ xícara (chá) de farinha de amêndoa
¾ de xícara (chá) de farinha de aveia sem
glúten
3 colheres (sopa) de óleo de coco
ou manteiga de cacau
1 ½ colher (sopa) de melado de cana
½ colher (café) rasa de sal rosa

Para o recheio
2 porções de doce deleite (p. 206)

Para finalizar
2 a 3 colheres (sopa) de farinha de amêndoa
levemente torrada
1 colher (chá) de açúcar de coco
½ colher (chá) de flor de sal

Bolacha
Preaqueça o forno a 180ºC.

Bata todos os ingredientes da massa até obter
uma mistura grudenta e homogênea.

Abra a massa sobre uma folha de papel dover.
Se for abrir direto em uma assadeira, unte com óleo
de coco.

Abra com as mãos, deixando a massinha fina
(como de uma bolacha "maizena"), com mais ou
menos 1 cm de altura.

Pegue uma espátula ou uma faca sem serra e
corte com delicadeza a massa, formando quadrados. Abra um pequeno espaço entre uma e outra,
pois isso trará crocância para a bolacha.

Asse por 5 a 10 minutos, apenas o suficiente
até dourar por inteiro e sentir o aroma desprender.

Deixe esfriar.

Finalização
Corte o papel dover ou manteiga, que deve ter de um
lado o mesmo tamanho da base (para que a bolacha
consiga encostar no vidro sem ter papel), e nas outras extremidades o papel deve sobrar para ajudar
na hora de desenformar.

Coloque um pouco de doce deleite embaixo,
quebre rusticamente as bolachas do tamanho desejado e vá incorporando com cuidado para não
desmanchar. Complete com o restante do doce deleite e incorpore bem, acertando a superfície para
deixar retinho.

Leve para gelar por pelo menos 8 horas.

Desenforme e corte em 4 pedaços quadrados
(ou mais, se preferir). Incorpore os ingredientes da
finalização e polvilhe sobre a bruxinha.

Deixe na geladeira até a hora de servir.

DICA
• Deixe o doce deleite resfriar um pouco fora da geladeira. Não o coloque no
refrigerador, porque pode endurecer
demais e ficar difícil de incorporar se
estiver gelado. Se estiver quente demais
pode amolecer as bolachas.

JANTAR FESTIVO

Para um dia especial, nada como um jantar festivo para brindarmos à vida!

Eu sou do tipo que começa a pensar no cardápio de ocasiões especiais semanas antes. De certa forma, isso é ótimo, pois vou me organizando no decorrer dos dias e já adianto alguns pré-preparos, deixando a véspera do jantar mais tranquila, além de fazer com que os sabores e as texturas das preparações se acentuem.

Algumas preparações, como o chèvre, o carpaccio de beterraba e o tomate seco, precisam ser feitas com antecedência para adquirir a textura ou o sabor ideal. Por isso, sugiro que você se organize no decorrer das semanas que antecedem o jantar para ganhar tempo no "grande dia" e garantir que seus pratos fiquem saborosos. Uma boa ideia é chamar os amigos e familiares para participar e ajudar no preparo; dessa forma, a festa já começa na cozinha, e o que poderia parecer trabalhoso passa a ser um momento de diversão.

Os pratos que você verá neste capítulo são mais elaborados e enchem os olhos. Eles vão muito bem juntos, porém cada um deles, por si só, já deixa qualquer encontro especial e no clima de festa.

MASALA

CURRY

Na Índia, tradicionalmente cada família tem a sua receita de curry, desenvolvida de acordo com os aromas e os sabores que mais aprecia. Aqui trago alguns ingredientes básicos, mas você pode e deve adaptá-los ao seu gosto.

> 4 colheres (sopa) de cúrcuma pura em pó
> 2 colheres (sopa) de pimenta-do-reino moída na hora
> 3 colheres (sopa) de coentro em pó
> 3 colheres (sopa) de cominho em pó
> 1 colher (sopa) de canela em pó
> 1 colher (sopa) de gengibre em pó
> 1 colher (sopa) de noz-moscada em pó
> 1 colher (sopa) de cardamomo em pó
> 1 colher (chá) de cravo em pó

Misture todos os ingredientes e armazene em um recipiente de vidro fechado.

Cúrcuma

Com toda a certeza alguém já disse que você deveria consumir cúrcuma. Se não disse, então eu falo agora. Toda cozinha saudável precisa ter cúrcuma na prateleira dos temperos. Ela, que é uma das especiarias mais cientificamente estudadas por seu valor medicinal, age como um anti-inflamatório potente.

Essa raiz de cor amarela e aroma penetrante tem um gosto forte e levemente amargo e entra na composição de temperos indianos como o garam masala e o curry. Aliás, a Índia é responsável por 90% da produção mundial desse rizoma, e há registros de seu uso há 4 mil anos.

A cúrcuma dá cor aos pratos, fica excelente no arroz integral e, quando usada em conjunto com a pimenta-do-reino, tem seus efeitos de cura potencializados. Experimente em receitas de *golden milk* e também na limonada, uma combinação infalível de saúde para beber.

JANTAR FESTIVO

CROCANTE DE NOZES

Rende: 1 porção
Tempo de preparo: 5 minutos
Tempo de forno: 8 minutos
Utensílio: liquidificador

DICA
- Use para dar textura a saladas, terrines, sopas e empanados.

SUBSTITUIÇÕES
- Troque as nozes por outras nuts e brinque com especiarias e temperos.

- 1 ½ xícara (chá) de nozes-pecãs
- 1 colher (sopa) de açúcar de coco
- ½ colher (chá) de alho em pó
- ½ colher (chá) de lemon pepper (p. 94) (opcional)
- 1 colher (chá) de sal rosa
- 2 colheres (sopa) de azeite

Preaqueça o forno a 180ºC.

Tempere as nozes com azeite e sal e torre por aproximadamente 8 minutos ou até que fiquem douradas e liberem seu aroma. Deixe esfriar em um recipiente frio.

Bata no liquidificador com azeite, sal, lemon pepper, alho e açúcar de coco, até obter uma farofinha com pequenos pedaços de nozes.

TERRINE DE FIGO

Rende: 8 porções pequenas ou 4 entradas
Tempo de preparo: 20 minutos
Tempo de refrigeração: 1 hora
Tempo de fermentação e pré-preparo do chèvre: 2 dias ou mais
Utensílios: miniaros de metal de 5 cm ou fôrma para bolo inglês de 15 cm de diâmetro e filme plástico

Este terrine tem um lugar especial no meu coração, porque foi desenvolvido para um projeto pelo qual tenho muito carinho e representou um grande desafio para mim.

Eu estava na Bahia quando o Charles me ligou para contar de um projeto que acabara de assumir e que precisava passar por uma bela repaginada. Chegando de viagem, fui direto para lá, de mala e cuia, e logo de cara já gostei do astral do lugar.

No primeiro minuto de conversa com a Maria Fernanda, proprietária do restaurante Figo, já descobrimos várias coisas em comum: ambas somos amantes de uma boa comida e apaixonadas pelo mesmo vilarejo no sul da Bahia, a praia do Espelho — meu refúgio no meio do mangue e onde a Maria Fernanda tem a pousada mais gostosa da região, a Brisas do Espelho.

Repaginei o cardápio trazendo novidades e mantendo os pratos mais pedidos, mas transformando-os em versões criativas e mais saudáveis. Daí surgiu o terrine de figo — a queridinha e "tradicional" salada de figo com outro formato, intercalando figos frescos e secos, chèvre de castanha, um belo molho pesto, nozes, e, claro, muito amor!

800 g de figo fresco
100 g de figo seco em tiras finas de 0,5 cm (opcional)
½ porção de chèvre de castanha (p. 200)
1 porção de crocante de nozes (p. 237)
4 a 8 colheres (sopa) de molho pesto (p. 177)

Sugiro preparar o terrine até 2 horas antes de servir e deixar todos os ingredientes já prontos antes de começar a montagem.

Faça o molho pesto e o crocante de nozes.

Corte os figos secos em pequenas tiras de 0,5 cm de espessura e hidrate-os em água morna ou alguma bebida alcoólica da sua preferência (como grapa, por exemplo). Esse é um ingrediente opcional, mas é ele que vai dar charme à receita.

Lave bem e seque os figos frescos, depois corte-os em tiras finas de 1 cm e reserve.

Montagem
Use um cortador, um aro de metal vazado ou uma fôrma de bolo inglês pequena — se optar pela fôrma, precisará de filme plástico.

Para usar a fôrma, dobre filme o suficiente para cobrir toda a parte de dentro e ainda sobrar para as laterais de fora — essas bordas ajudarão a desenformar o terrine. Faça isso duas vezes, colocando uma folha sobre a outra para dar mais firmeza ao filme e não rasgar na hora de desenformar.

Finalização
Intercale os ingredientes, iniciando e finalizando com os figos frescos. A última camada pode ser mais delicada, sem sobrepor as frutas.

A ordem do processo se inverterá dependendo do utensílio que você utilizar para modelar seu terrine:

Aro: Se optar pelo aro, monte o terrine direto no prato. A primeira camada a ser colocada, a base do terrine, ficará em contato com o prato. Coloque pedaços um pouco mais grossos de figo para dar estrutura. Vá intercalando nesta ordem: chèvre, pesto, crocante, chèvre, figo, pesto, crocante, chèvre, figo, finalizando com uma camada mais delicada de finíssimas tiras de figo seco ou fresco, lado a lado, sem sobrepor.

Fôrma de bolo inglês: Neste caso, a ordem vai mudar. A primeira a ser montada vai ser a camada de cima do terrine, pois na hora de desenformar será necessário virar a fôrma e tirar o plástico. Unte o filme com azeite antes de começar o processo.

Na primeira camada coloque crocante de nozes, para não grudar no plástico na hora de tirar. Guarde alguns figos frescos para finalizar o terrine.

Em seguida, siga a seguinte ordem: chèvre, pesto, figo fresco, figo seco, crocante, chèvre, figo fresco, pesto, crocante, chèvre e figo para finalizar. Vá apertando cada camada com cuidado, para dar estrutura e firmeza na hora de desmontar.

Cubra com as bordas do filme plástico que sobraram e leve para gelar e firmar por uns 30 minutos na parte mais gelada do seu refrigerador.

DICAS

• Se for preparar o terrine com antecedência e optar pela fôrma de bolo inglês, não coloque o figo fresco da primeira camada, porque ele soltará água, e a apresentação pode não ficar tão bonita. Ele será a última camada e deve ser colocado apenas na hora de servir (sem sobrepor).

• Deixe em local bem fresco até a hora de servir.

• O ideal é que o chèvre já tenha sido feito com pelo menos 2 dias de antecedência para firmar e acentuar o sabor, porém não se prenda a isso, pois ficará maravilhoso de qualquer jeito.

SUBSTITUIÇÕES

• Utilize a coalhada de castanha (p. 60) ou outro queijo vegano cremoso no lugar do chèvre.

• Substitua o crocante de nozes por nozes-pecãs inteiras e torradinhas com azeite e sal.

• Use pistache no lugar das nozes e tâmaras no lugar do figo seco.

• Se optar por fazer sem figo seco, finalize com figos frescos.

SHOT   JANTAR FESTIVO

CREME DE ASPARGOS COM BANANA AO CURRY

Rende: 8 shots ou 2 porções
Tempo de preparo: 30 minutos
Utensílio: liquidificador

Este creme de aspargos é um dos meus queridinhos e sempre surpreende quem o prova. Ele vai bem para ser tomado em forma de shot, em um copinho de cerâmica charmoso, ou para ser servido como a estrela da noite.

Quantas noites de inverno me deliciei com este creme acompanhado de um belo pedaço de pão de fermentação natural quentinho e uma taça de vinho... Uma combinação mais que especial!

Ele tem um ingrediente que pode não parecer muito promissor, mas que sem dúvida nenhuma é a "cereja do bolo" e fará toda a diferença no resultado final: a banana. Já vi muitos narizes torcidos quando comentei sobre a banana — aliás, um deles foi o meu, quando provei pela primeira vez a sopa da Tatiana Cardoso —, mas, se não for citada, o sabor passa despercebido e gera aquela curiosidade de saber como um creme de aspargos pode ser tão cremoso e magnífico.

1 xícara (chá) de aspargos (4 a 6 unidades)
1 xícara (chá) de couve-flor (6 floretes)
1 banana-nanica pequena quase madura, cortada em rodelas
½ cebola picada
½ dente de alho ralado
1 ½ xícara (chá) de caldo de legumes
1 ½ xícara (chá) de leite vegetal (sugestão: castanha, amêndoa ou coco)
3 colheres (sopa) de azeite extravirgem
1 colher (sopa) de folhas de hortelã fresca finamente picadas
2 colheres (sopa) de cebolinha picada
1 colher (chá) rasa de curry
½ a 1 colher (chá) rasa de sal rosa
½ colher (sopa) de gengibre finamente picado
1 colher (chá) de orégano seco
1 colher (sopa) de sumo coado de limão

Refogue o alho no azeite e deixe dourar. Adicione a cebola e frite por 5 minutos; então coloque o gengibre, o orégano, o curry e o sal.

Refogue mais um pouco e adicione o aspargo, a couve-flor e um pouco de caldo de legumes, deixando fritar por mais uns minutos.

Adicione a banana e refogue por mais 2 minutos para dourar levemente. Acrescente o caldo, tampe e deixe cozinhar por mais 25 minutos.

Deixe esfriar um pouco e transfira para o liquidificador.

Acrescente o leite, a hortelã, a cebolinha e bata até que fique bem homogêneo.

Leve de volta à panela e deixe esquentar em fogo baixo por alguns minutos e aproveite para acertar os temperos: adicione mais curry, gotas de limão e dê um toque de picância, se gostar.

Se a banana não estiver muito madura, coloque uma colher pequena e rasa de melado ou algo para dar um suave toque adocicado.

Finalize com um fio de azeite, 1 pitada de curry e ervas frescas de sua preferência antes de servir.

PESTO RÚSTICO DE CENOURA E SEMENTES DE ABÓBORA

Rende: 1 porção
Tempo de preparo: 15 minutos
Utensílio: processador de alimentos

- 3 xícaras (chá) de manjericão fresco
- 1 xícara (chá) de rama de cenoura ou rúcula
- 1 colher (chá) de sal rosa
- 1 colher (chá) de sumo coado de limão
- ½ xícara (chá) de semente de abóbora
- ½ xícara (chá) de parmesão de amêndoa (p. 230)
- 1 xícara (chá) de azeite
- 1 a 2 colheres (chá) de pasta de alho (p. 22)
- folhas frescas de tomilho (opcional)

Preaqueça o forno a 180ºC.

Tempere as sementes com azeite e sal e torre por aproximadamente 8 minutos ou até dourarem e soltarem seu aroma. Deixe esfriar em um recipiente frio.

Leve uma panela de água para ferver com 1 pitada de sal. Prepare uma bacia com água e gelo. Branqueie as folhas de manjericão: deixe-as por 20 segundos na água, tire as folhas com uma peneira, passe imediatamente para a bacia e deixe esfriar. Seque bem as folhas. Como são delicadas, dê batidinhas suaves para não machucá-las.

Bata todos os ingredientes em um processador, com exceção das sementes de abóbora e do parmesão. Depois de bater bem, adicione as sementes e bata mais um pouco até obter uma textura rústica com pedaços.

DICA
- Use o missô no lugar do sal para conservar o pesto por mais tempo e agregar sabor.

SUBSTITUIÇÕES
- Substitua o parmesão de amêndoa por farinha de amêndoa levemente torrada. Nesse caso, ajuste o sal.

- Se preferir, pode utilizar um queijo de sua preferência.

JANTAR FESTIVO

MOLHO ORIENTAL

Rende: 1 porção
Tempo de preparo: 5 minutos
Tempo de resfriamento: 1 hora
Utensílio: pote de vidro com tampa

- ½ xícara (chá) de sumo coado de laranja
- ¼ de xícara (chá) de azeite
- ¼ de xícara (chá) de shoyu sem glutamato
- 2 colheres (sopa) de melado, geleia de arroz ou açúcar de coco
- 2 colheres (sopa) de sumo coado de limão
- 1 colher (sopa) de óleo de gergelim (opcional)
- 1 colher (café) de gengibre finamente ralado
- 1 pitada de sal rosa
- 1 colher (sopa) de cebolinha-francesa finamente picada (opcional)
- gotas de tabasco

Coloque os ingredientes em um pote de vidro, feche e chacoalhe até incorporar bem. Deixe por pelo menos 1 hora na geladeira e mantenha refrigerado até a hora de usar.

DICAS

- Faça uma quantidade maior e mantenha refrigerado por até 1 semana. No decorrer da semana, vá acrescentando outros ingredientes, como mostarda ou tahine, para ter sempre um molho novo com praticidade.

- Se for utilizar imediatamente, coloque uma pedra de gelo para deixar mais refrescante.

Gengibre

O sabor do gengibre, seja fresco em raízes inteiras, seja seco ou moído, é forte, picante, penetrante, único. Ele é um dos ingredientes obrigatórios do suco verde, e seu sabor adocicado combina com pratos doces e salgados.

As receitas asiáticas exploram bem o sabor do gengibre, que faz uma combinação perfeita com shoyu e óleo de gergelim. Use em purês, frutas assadas, bolos e biscoitos de especiarias ou misturado ao mel. Na Índia, é comum o preparo de uma pasta de alho e gengibre que é refogada no ghee no início das preparações.

Experimente colocar gengibre no tempero do feijão. Quando comprar o gengibre em pó, escolha os mais claros e finos. Uma dica bacana para usar o gengibre é combiná-lo com um sabor contrastante, ou seja, mais fresco ou adocicado. É por isso que ele fica interessante misturado ao leite de coco, ao coentro ou ao limão.

TOMATE SECO

Rende: 10 unidades
Tempo de preparo: 5 minutos
Tempo de descanso: 10 minutos
Tempo de forno: 4 horas
Utensílio: papel dover

Os tomates secos convencionais que costumamos encontrar por aí são cheios de conservantes e óleos de péssima qualidade. Então, se comprar o tomate seco pronto, opte por desidratados e sem gordura. É possível encontrar na internet ou em lojas que vendem a granel.

10 tomates grandes
½ colher (chá) de sal
2 colheres (sopa) de azeite
½ colher (chá) de orégano
½ colher (chá) de tomilho

Preaqueça o forno a 100°C.
Forre uma assadeira com papel dover e reserve.
Corte os tomates em quatro e retire as sementes e a polpa, deixando apenas a parte de fora que envolve a casca.
Coloque os tomates em uma tigela grande e polvilhe o sal. Deixe descansar por 10 minutos, depois escorra toda a água que soltar. Adicione o azeite, o orégano e o tomilho e misture bem.
Coloque os tomates com a parte interna virada para cima na assadeira, sem deixar que um encoste no outro. Asse por cerca de 4 horas ou até que os tomates tenham reduzido de tamanho.
Deixe esfriar completamente.

DICA
- Você pode utilizá-lo em até 4 dias refrigerado na geladeira ou conservá-lo temperado, como mostro na página ao lado. Se preferir conservá-lo de uma forma neutra, utilize um bom óleo de girassol que venha em garrafa de vidro. O azeite é uma alternativa, porém fica firme quando resfriado. Deixe por até 6 semanas na geladeira

JANTAR FESTIVO

TOMATE SECO TEMPERADO

Rende: 1 xícara (chá)
Tempo de preparo: 20 minutos
Tempo de marinada: 10 minutos a 30 dias

- ¾ de xícara (chá) de tomate seco sem tempero (ver ao lado)
- 1 colher (chá) de orégano
- 2 colheres (sopa) de azeite
- 1 dente de alho ralado fino
- 1 colher (chá) de sal de especiarias
- 2 colheres (sopa) de shoyu sem glutamato
- 6 espirradas de spray de fumaça líquida (p. 162) (opcional)
- ½ xícara (chá) de sumo de laranja espremido na hora e coado
- 1 colher (sopa) de melado de cana

Corte o tomate seco desidratado em tiras finas e coloque em um refratário amplo no tamanho suficiente para fazer uma camada baixa com os tomates, sem sobrar espaço, para a marinada incorporar bem.

Aqueça o azeite numa panela pequena e doure o alho. Quando começar a dourar, adicione os demais ingredientes, com exceção do tomate, espere aquecer e então jogue a mistura ainda quente sobre o tomate seco. Deixe hidratar e mexa de tempos em tempos para incorporar por igual. Deixe marinar por quanto tempo puder.

Faça com dias de antecedência para agregar mais sabor. Dura 1 mês refrigerado.

JANTAR FESTIVO

SALADA MANDALA VERDE

Rende: 4 porções grandes ou 8 pequenas
Tempo de preparo: 20 minutos
Utensílio: mandoline

8 xícaras (chá) de coração de alface
2 xícaras (chá) de minialface-americana (ou tradicional)
4 xícaras (chá) de rúcula ou miniagrião
¼ de xícara (chá) de folhas de hortelã fresca
¼ de xícara (chá) de folhas de manjericão fresco

Para a mandala de abobrinha
2 abobrinhas em tiras finas cortadas na horizontal
2 colheres (sopa) de azeite
1 colher (sopa) de sal de especiarias
pimenta-do-reino moída na hora

Para finalizar
½ porção de chèvre com crosta de amêndoa (p. 248)
1 porção de tomate seco temperado (p. 245)
½ porção de molho oriental (p. 243)
½ xícara (chá) de uva verde sem caroço (sugiro a thompson)
1 colher (sopa) de pimenta rosa

Abobrinha
Corte a abobrinha em tiras finas e tempere com azeite, sal de especiarias e pimenta-do-reino.

Aqueça uma frigideira ampla e disponha as tiras de abobrinha, dourando de ambos os lados. Reserve.

Quando esfriar, pegue a abobrinha e enrole sem apertar demais, formando uma "flor". Coloque 2 tiras de abobrinha por "flor", se elas forem pequenas, e reserve.

Salada
Coloque as folhas lavadas, secas e rasgadas com as mãos em um prato amplo. Incorpore entre elas as folhas de manjericão e hortelã, reservando algumas para finalizar.

Corte as uvas ao meio e reserve. Deixe todos os ingredientes organizados: chèvre, tomate seco, molho oriental e mandala de abobrinha. A salada será montada apenas na hora de servir para as folhas não murcharem depois de temperadas.

Finalização
Tempere as folhas com metade do molho, incorporando bem a todas as folhas. Misture metade do tomate seco, reservando um pouco para salpicar por cima.

Distribua as abobrinhas, intercalando o chèvre e as uvas, salpique pimenta rosa e finalize com as folhas de hortelã e manjericão.

Deixe o restante do molho à parte e sirva imediatamente.

DICAS
• Brinque com as folhas da estação. Opte pelas mais tenras para que não fiquem murchas com o molho depois de um tempo.

• Depois de utilizar a beterraba da marinada do carpaccio (p. 250), sirva separado como uma segunda opção de molho de salada.

SUBSTITUIÇÕES
• Substitua o tomate seco por tomate confitado e o chèvre em crosta de amêndoa pelo queijo de sua preferência. Finalize a salada com algo crocante, como castanhas ou sementes temperadas e torradas.

JANTAR FESTIVO

CHÈVRE COM CROSTA DE AMÊNDOA

Rende: 16 unidades
Tempo de resfriamento: 2 dias
Utensílios: palitinhos de madeira (opcional)

1 xícara (chá) de queijo cremoso tipo chèvre (p. 200)
¼ de xícara (chá) de amêndoas laminadas

Faça pequenas bolinhas com o chèvre. Se ele estiver mole demais para enrolar com as mãos, faça *quenelle* com a ajuda de duas colheres (p. 100).

Leve para gelar por pelo menos 4 horas ou de preferência 2 dias antes de finalizar.

Finalização
Preaqueça o forno a 180ºC.

Leve as amêndoas para assar por 7 a 10 minutos, até dourarem bem. Cuidado para não torrarem! Coloque em um recipiente frio e deixe esfriar totalmente e ficar crocantes.

Passe as bolinhas de chèvre nas amêndoas laminadas, cobrindo-as por inteiro. Finque algumas amêndoas com as mãos.

Se for utilizar na salada mandala verde (p. 246), pare por aqui. Se optar por servir como aperitivo, coloque em palitinhos de madeira.

DICAS
• Faça uma bola grande, depois achate e passe nas amêndoas. Sirva como aperitivo acompanhado de *crostini* (p. 170).

• Coloque as amêndoas apenas na hora de servir. Refrigeradas, elas perdem o frescor e a crocância.

SUBSTITUIÇÕES
• Use castanhas-de-caju moídas e torradas (xerém) ou ainda pistache moído no lugar das amêndoas.

JANTAR FESTIVO

CARPACCIO DE BETERRABA

Rende: 2 porções ou 8 acompanhamentos
Tempo de preparo: 10 minutos
Tempo de marinada: 48 horas a 1 semana
Utensílios: mandoline, pote de vidro grande,
    prato redondo grande e bico de confeiteiro
    (opcional)

2 beterrabas grandes ou 4 pequenas

Para a marinada
   ½ xícara (chá) de sumo coado de tangerina
       ou laranja
   1 colher (sopa) de sumo coado de limão
   1 colher (sopa) de sumo de gengibre
   ⅓ de xícara (chá) de azeite
   ¼ de xícara (chá) de shoyu sem glutamato
ou shoyu de coco
   4 colheres (sopa) de *nutritional yeast*
   2 colheres (sopa) de melado de cana
ou geleia de arroz ou outro adoçante natural de
       sua preferência
   1 colher (chá) de alho em pó
   2 colheres (chá) de sal de especiarias
   3 colheres (sopa) de cebolinha-francesa
       finamente picada

Para finalizar
   2 colheres (sopa) de *pinoli* torrados
ou sementes de girassol temperadas e torradas
       rúcula selvagem
       coalhada de castanha (p. 60) (opcional)
       cebolinha-francesa finamente picada a gosto
       pimenta-de-cheiro ou dedo-de-moça
           picadas e sem sementes

Fatie a beterraba com um mandoline em rodelas extremamente finas. Veja na receita de picles (p. 157) todas as dicas.

Incorpore os ingredientes da marinada em um recipiente grande (para fazer o mínimo de camadas; assim os ingredientes se misturam mais à marinada).

Deixe na geladeira marinando por pelo menos 48 horas antes de servir. Caso a beterraba não esteja totalmente submersa, adicione mais sumo de tangerina ou mexa de tempos em tempos.

Montagem
Distribua as beterrabas lado a lado em um prato raso, sem deixar que o fundo do prato apareça. Polvilhe a cebolinha-francesa e a pimenta, regue com um fio de azeite e, se optar pela coalhada, coloque-a em um bico de confeiteiro e faça "gotinhas" pelo carpaccio. Finalize com rúcula selvagem e *pinoli*.

Se não tiver o bico de confeiteiro em casa, use um saco plástico, cortando a ponta.

DICAS
• Use as beterrabas dos picles para fazer este carpaccio (p. 157).

• Se bem armazenada, esta marinada dura até 3 semanas. Use em saladas ou para acompanhar o tofu coalho no palito (p. 150).

SUBSTITUIÇÕES
• Coloque pepitas lemon pepper (p. 94) no lugar dos *pinoli* e tofunese rosée (p. 275) no lugar da coalhada.

JANTAR FESTIVO

SALADA DE GRÃOS COM *CRISPS* DE ALHO-PORÓ

Rende: 8 porções
Tempo de molho sugerido: 12 horas
Tempo de preparo: 1 hora
Utensílio: assadeira

Esta é uma receita superespecial por seu perfume, suas texturas e seus sabores interessantes. Coloque em um bowl bonito, capriche na variedade de folhas e delicie-se!

Serve tanto como um ótimo acompanhamento quanto como prato principal. Ela é cheia de ingredientes e etapas, mas algumas podem ser puladas para simplificar. O molho cítrico vai dar um toque especial, mas pode ser eliminado, por exemplo. Compre sementes já torradas e finalize com chips de raízes assadas, encontrados com facilidade no supermercado, no lugar dos *crisps* de alho-poró.

Para a lentilha
- 1 ½ xícara (chá) de lentilha marrom hidratada (p. 88)
- 1 dente de alho ralado
- 1 cebola grande picada em cubos pequenos
- ½ colher (chá) rasa de sal de especiarias
- ½ colher (café) de melado de cana
- ½ xícara (chá) de leite de coco
- 3 colheres (sopa) de azeite
- ½ a 1 colher (sopa) de curry em pó
- 1 colher (chá) de sementes de mostarda
- 1 colher (chá) de sal rosa
- folhas de curry (opcional)

Para a quinoa
- 1 xícara (chá) de quinoa branca
- 2 xícaras (chá) de água
- 2 colheres (sopa) de azeite
- 1 ½ colher (chá) de sal rosa
- 1 rodela de limão-siciliano sem semente (opcional)
- 1 pitada de noz-moscada
- pimenta-do-reino moída na hora a gosto

Para o arroz negro ou selvagem
- ½ xícara (chá) de arroz negro ou selvagem
- 2 a 3 xícaras (chá) de água
- 2 colheres (sopa) de azeite
- pimenta-do-reino moída na hora a gosto
- 1 colher (chá) de sal rosa

Sementes
- ½ xícara (chá) de mix de sementes de sua preferência (abóbora, girassol, gergelim etc.)
- azeite a gosto
- sal a gosto

Para finalizar
- 2 colheres (sopa) de azeite
- sumo coado de ½ laranja
- 1 colher (chá) de melado de cana
- 1 colher (chá) de canela
- 2 colheres (sopa) de *nutritional yeast*
- ½ xícara (chá) de cebolinha-francesa finamente picada
- ½ xícara (chá) de salsinha finamente picada
- 1 colher (chá) de sal de ervas
- 6 damascos cortados em tiras finas (opcional)
- 2 a 3 colheres (sopa) de nibs de cacau (opcional)
- *crisps* de alho-poró (p. 255)

Lentilha

Descarte a água da lentilha. Aqueça o azeite numa panela e refogue o alho até dourar. Adicione o curry, as sementes de mostarda, as folhas de curry, o sal e a cebola picadinha. Abaixe o fogo e deixe apurar por 10 minutos, até as cebolas caramelizarem.

Acrescente o leite de coco, deixe reduzir quase totalmente e só então coloque a lentilha. Como ela já está hidratada, o tempo de cozimento será bem rápido (de 3 a 5 minutos). A lentilha continua cozinhando depois que sai da panela, então deixe-a bem sequinha e transfira-a imediatamente para um recipiente frio.

Caso não tenha deixado os grãos de molho, o tempo de cozimento será maior e haverá necessidade de completar com água.

Quinoa

Lave a quinoa três vezes em água corrente.

Coloque em uma panela com água fervente e cozinhe por 10 minutos com o azeite, a canela, a pimenta e o sal, até que toda a água evapore. Reserve.

Arroz negro ou selvagem

Em água fervente, cozinhe o arroz negro temperado com o azeite, a pimenta e o sal. Tampe a panela e abaixe o fogo quando levantar fervura. Continue cozinhando com a tampa semiaberta por aproximadamente 30 a 40 minutos. Este arroz demora uns 5 minutos a mais para ficar pronto, mas cuidado para não cozinhar demais. Use a panela de pressão, se preferir.

Sementes

Tempere as sementes com sal de especiarias e azeite e leve ao forno preaquecido a 180°C. Quando começarem a dourar, tire do forno e transfira para um recipiente frio.

Finalização

Em uma saladeira, misture os grãos e tempere com o azeite, o sumo de laranja, o melado, a canela e o *nutritional yeast*. Ajuste o sal e coloque um pouco de pimenta se desejar.

Adicione o damasco, os nibs de cacau, as ervas frescas e as sementes e finalize com os *crisps* de alho-poró.

DICA

• Se for servir a salada empratada como prato principal, coloque os grãos no centro de um prato redondo, faça uma meia-lua com a rúcula selvagem e salpique os *crisps* de alho-poró.

SUBSTITUIÇÕES

• Use outra fruta seca no lugar do damasco e adicione castanhas-do-pará cortadas rusticamente no lugar das sementes.

CRISPS DE ALHO-PORÓ

Rende: 1 porção
Tempo de preparo: 5 minutos
Tempo de forno: 10 minutos
Utensílios: assadeira, pote de vidro e desidratador (opcional)

Saquinhos antiumidade
Guarde os saquinhos antiumidade de sílica que vêm dentro das algas nori ou de outros itens que compramos no mercado e coloque dentro do vidro de preparações como esta ou *crostini* (p. 170) para manter crocantes por mais tempo.

100 g de alho-poró cortado em rodelas finas
2 colheres (sopa) de azeite
1 colher (sopa) de *nutritional yeast* (opcional)
1 colher (chá) de sal rosa ou de especiarias
um punhado de farinha de arroz branco

Preaqueça o forno a 170ºC.

Passe o alho-poró no azeite e tempere com o sal de especiarias. Faça uma mistura com a farinha e o *nutritional yeast*, envolva as fatias de alho-poró e disponha em uma assadeira sem deixar que uma encoste na outra.

Leve ao forno preaquecido e mexa de tempos em tempos. Deixe até secar, dourar e ficar crocante. Se você tiver um desidratador, use a temperatura máxima dele.

Transfira para um recipiente frio. Armazene fechado em um pote de vidro depois que esfriar.

DICA
• Se na hora de servir o *crisp* estiver mole (caso tenha feito com muita antecedência ou esteja muito calor), leve por 1 ou 2 minutos ao forno para ficar crocante novamente.

JANTAR FESTIVO

TORTA DE CEBOLA CARAMELIZADA

Rende: 8 porções
Tempo de preparo: 20 minutos
Tempo de cocção: 40 minutos
Utensílios: fôrma redonda de aprox. 22 cm de diâmetro com fundo removível e papel dover (opcional)

Esta torta está aqui em homenagem à minha irmã, Adriana. Ela foi uma das primeiras receitas mais "elaboradas" que aprendi em um curso da Lidiane Barbosa, mulher que foi bem inspiradora no início da minha trajetória. Assim que fiz para a Dri pela primeira vez, a torta virou a sua queridinha. Vira e mexe a Dri pede que eu faça.

A massa é bastante neutra — vai bem em qualquer outra torta salgada — e o recheio é bem versátil.

Faça uma quantidade maior de cebola e use como base para a salada de grãos (p. 252) ou para o recheio do quibe assado (p. 76).

Para a massa

1 xícara (chá) de farinha de amêndoa
1 xícara (chá) de fubá fino orgânico
1 xícara (chá) de farinha de arroz branco
⅓ de xícara (chá) de azeite
1 colher (sopa) de sal de especiarias ou 2 colheres (chá) rasas de sal
½ xícara (chá) de água morna ou mais (até dar o ponto)
1 a 2 colheres (sopa) de missô (opcional; reduza o sal se utilizar o missô)

Para as cebolas caramelizadas

8 cebolas
3 colheres (sopa) de manteiga de cacau ralada ou azeite
2 colheres (sopa) de vinagre de maçã
1 colher (café) de sal de especiarias
1 colher (sopa) de melado de cana

Para o creme

1 xícara (chá) de leite vegetal
1 xícara (chá) de tofu firme orgânico
1 xícara (chá) de castanha-de-caju crua e já hidratada (p. 264)
4 colheres (sopa) de *nutritional yeast*
1 a 2 colheres (sopa) de mostarda de Dijon
4 colheres (sopa) de azeite
2 colheres (sopa) de sumo coado de limão-siciliano ou taiti
1 pitada de pimenta-do-reino ou calabresa (opcional)
1 a 2 colheres (sopa) de missô claro orgânico (p. 222)
1 dente de alho ralado
1 colher (chá) de sal rosa
1 colher (chá) de orégano
1 pitada generosa de noz-moscada ralada

Massa
Preaqueça o forno a 180ºC.

Unte uma fôrma com óleo de coco e farinha de arroz. Se optar pelo papel dover, forre somente a base e unte as bordas.

Misture todos os ingredientes da massa com as mãos e dê a liga com água quente até obter uma massinha de modelar maleável e que não quebre. Coloque água aos poucos — ela não deve ficar mole demais nem esfarelar.

Abra a massa e amasse na fôrma.

Leve ao forno por 10 minutos ou até começar a assar. Cuidado para não assar demais, pois a massa endurece quando esfria.

Cebolas caramelizadas
Corte as cebolas ao meio e depois em rodelas bem finas.

Aqueça duas frigideiras grandes e distribua entre elas a manteiga de cacau ou o azeite.

Adicione as cebolas e refogue com 1 pitada de sal.

Tampe as panelas e deixe apurar por 20 minutos, até que as cebolas comecem a caramelizar na sua própria água. Abra de tempos em tempos para mexer. Se começarem a grudar e ainda não tiverem ficado escurinhas, adicione mais água.

Deixe que elas sequem até grudarem levemente. Divida o vinagre de maçã e despeje diretamente nas panelas. Adicione o melado de cana às duas frigideiras e mexa mais um pouco, até que as cebolas fiquem bem douradas. Se necessário, vá adicionando água. Deve demorar em média mais uns 20 minutos. Enquanto isso, prepare o creme.

Creme
Descarte a água das castanhas e processe metade delas com o leite vegetal e o alho. Bata até ficar uniforme e sem nenhum pedaço. Adicione o restante das castanhas e processe até obter uma textura aveludada. Ajuste os temperos.

Montagem
Coloque o creme sobre a massa e incorpore por cima a cebola, pouco a pouco, com a ajuda de um garfo, sem deixar que elas afundem por completo.

Leve ao forno preaquecido a 180°C por 15 ou 20 minutos, o suficiente para firmar.

BATATINHAS CARAMELADAS COM ALECRIM

Estas batatinhas sempre estiveram presentes nos meus jantares especiais e caem muito bem para acompanhar o lombo de jaca (p. 194) e o tartar de cenoura (p. 186)

Rende: 8 porções pequenas
Tempo de preparo: 1 hora
Utensílios: 2 assadeiras — 1 média e 1 grande

Batatas
16 batatas bolinha (as de tamanho míni)
2 colheres (chá) de sal rosa
pimenta-do-reino moída na hora a gosto
azeite a gosto

Marinada
2 colheres (sopa) de melado de cana
2 colheres (sopa) de shoyu
2 colheres (chá) de alho em pó
2 colheres (chá) de sal de especiarias
ou 1 colher (chá) de sal rosa
4 colheres (sopa) de azeite
ramos de alecrim macerados

Lave bem as batatas e cozinhe-as com a casca no vapor por aproximadamente 10 minutos, até ficarem bem molinhas. Você pode servi-las inteiras ou, se desejar, corte ao meio ou em 4 canoas.

Tempere com o azeite, o sal e a pimenta-do-reino moída na hora e deixe descansar.

Preaqueça o forno a 180°C.

Aqueça o azeite da marinada, acrescente o alecrim picadinho e refogue em fogo baixo para abrir o sabor (opcional). Misture com os demais ingredientes e tempere as batatas com essa marinada.

Disponha as batatas em uma assadeira média, com tamanho suficiente para que não encostem umas nas outras. Tampe essa assadeira com outra maior, para que o vapor não saia. Caso você não tenha outra assadeira, cubra com papel, cuidando sempre para o calor não sair.

Leve para assar por 1 hora, ficando de olho de tempos em tempos para que elas não sequem nem queimem. Vire na metade do tempo, mas apenas quando um dos lados já estiver dourado.

As batatas estarão prontas quando estiverem carameladas. Se elas estiverem secas, vá adicionando água pouco a pouco para que fiquem bem macias e douradas. Finalize com ramos frescos de alecrim.

JANTAR FESTIVO

CHÁ DE MARACUJÁ E GENGIBRE

Rende: 8 porções
Tempo de preparo: 5 minutos
Tempo de cocção: 20 minutos

6 maracujás doces
1 pedaço grande de 6 a 10 cm de gengibre ralado
4 colheres (sopa) de geleia de arroz, agave ou outro adoçante natural
2 litros de água

Coloque o gengibre, a polpa do maracujá e a água em uma panela, tampe e leve para ferver por 20 minutos. Destampe e deixe até que a água evapore e o chá fique encorpado, reduzindo pelo menos à metade.
Adoce a gosto com geleia de arroz, agave ou outro adoçante natural.
Sirva quente ou gelado.

JANTAR FESTIVO

CHEESECAKE

Rende: 12 pedaços
Tempo de preparo: 40 minutos
Tempo de refrigeração: 6 horas
Utensílios: liquidificador e fôrma redonda
de 25 cm de diâmetro com fundo removível

Para a massa
- 1 ½ xícara (chá) de farinha de aveia sem glúten
- ½ xícara (chá) de farinha de castanha-de-caju
- ½ xícara (chá) de amaranto em flocos ou farinha de arroz
- 4 colheres (sopa) de melado de cana
- ⅓ de xícara (chá) de óleo de coco sem sabor ou manteiga de cacau
- 1 colher (café) de sal

Para o recheio
- 6 xícaras (chá) de castanha-de-caju crua e sem sal já hidratada (p. 264)
- 6 colheres (sopa) de sumo coado de limão-siciliano
- 1 xícara (chá) de óleo de coco sem sabor derretido ou manteiga de cacau
- 1 a 1 ½ xícara (chá) de leite vegetal
- ½ a 1 xícara (chá) de adoçante natural de cor clara (geleia de arroz, xarope de bordo, agave, açúcar demerara orgânico)
- 1 ½ colher (sopa) de missô claro orgânico
- 4 colheres (sopa) de *nutritional yeast*
- 1 colher (café) de sal marinho

Para a cobertura
- 1 porção de geleia de frutas vermelhas (p. 265)

Massa
Preaqueça o forno a 180°C.

Bata todos os ingredientes até obter uma mistura grudenta e homogênea.

Coloque o papel dover sobre a base da fôrma, dobre as pontas (para baixo, sem deixar que encostem na torta) e encaixe a base nas laterais da fôrma.

Abra a massa com as mãos na parte inferior sem subir nas laterais.

Asse por aproximadamente 5 a 8 minutos, até soltar o aroma e ficar levemente dourada. Essa massa endurece bastante quando esfria, então fique de olho para não passar do ponto. Deixe esfriar e reserve.

Recheio
Deixe as castanhas de molho por 8 horas (p. 264). Se preferir, cozinhe-as em água fervente por 30 minutos para facilitar na hora de bater, caso não estejam bem macias.

Coloque no liquidificador os ingredientes líquidos (leite vegetal, limão, óleo de coco e o adoçante que você escolheu) com ¼ das castanhas. Bata até obter um creme aveludado e homogêneo. Vá adicionando o restante das castanhas, pouco a pouco, para manter essa textura aveludada. Quando já não houver mais nenhum pedaço de castanha, acrescente os demais ingredientes e bata mais um pouco até incorporar bem e ficar aveludado.

Finalização
Preaqueça o forno a 165-170°C.

Coloque o creme sobre a massa já fria e leve para assar por 40 minutos. Deixe esfriar e leve para gelar. Espere pelo menos 6 horas antes de servir.

Decore com a geleia depois que o cheesecake estiver gelado e firme.

JANTAR FESTIVO

COMO HIDRATAR AS CASTANHAS?

Atenção na hora de separar a quantidade de castanhas que deixará de molho, pois elas podem crescer até 40% depois de demolhadas. Isso varia de acordo com a qualidade e o fornecedor, mas depois de um tempo você se familiariza só de olhar.

Minha sugestão: coloque sempre ¾ da quantidade que a receita pede depois de hidratada. O máximo que pode acontecer é sobrar um pouco!

Exemplo: se a receita pede 1 xícara (chá) de castanha-de-caju hidratada, coloque ¾ de xícara (chá) de castanha-de-caju crua e sem sal de molho em 1 ½ xícara (chá) de água.

Deixe de molho em água fresca e sem levar para a geladeira por 8 a 12 horas. Troque a água uma ou duas vezes. Se estiver calor, troque mais vezes. Caso não vá utilizar as castanhas na hora, leve-as para a geladeira.

Não hidratei as castanhas. E agora?

Não se desespere, pois nunca deixaremos de preparar uma receita por falta de programação. Para quase tudo damos um jeito!

Caso não tenha deixado as castanhas de molho, coloque-as cruas em uma panela com água e cozinhe por 30 minutos. Tire toda a espuma que subir com a fervura, depois descarte a água, lave as castanhas e as utilize nas suas receitas.

Como dar textura em preparações com castanhas?

- Nas receitas cremosas, as castanhas devem ser aveludadas quase ao ponto de doer os olhos de tanto brilho. O primeiro passo é colocar todos os líquidos no liquidificador e ir adicionando as castanhas pouco a pouco. Quando chegar à textura aveludada, acrescente mais um pouco de castanha. Tenha paciência e bata, bata e bata mais um pouco.

- A potência do seu liquidificador também interferirá (e muito!) nessas preparações. Para liquidificadores mais fraquinhos, a quantidade de água terá de ser maior.

- Certifique-se de que as castanhas estão bem macias e hidratadas por completo. Caso contrário, coloque um pouco de água quente e deixe até que se abram facilmente ao tocar.

- Para algumas preparações ficarem "perfeitamente" aveludadas, é necessário que seu liquidificador seja extremamente potente.

Castanha-de-caju

A castanha-de-caju é um ingrediente neutro e que traz uma textura inigualável quando se trata de receitas cremosas e aveludadas!

Muito utilizada em receitas veganas como base para a substituição dos laticínios, ela é a melhor opção para dar textura cremosa aos seus pratos. Para essa funcionalidade, é essencial que as castanhas sejam cruas e sem sal.

JANTAR FESTIVO

Liquidificador × processador

Com certeza são itens essenciais na cozinha, pois são os responsáveis por dar textura às preparações.

Processador

O processador tem um espaço significativo entre as lâminas e normalmente possui um compartimento amplo. Ele é ideal quando é necessário ou desejável manter pequenos pedaços do alimento, como no corte de uma cebola, ou em alguma preparação, como uma crosta de torta ou um crumble.

É ótimo também para fazer pastas mais pesadas (como pasta de amendoim) ou massas para hambúrguer.

Liquidificador

Por ter as lâminas mais próximas, ele é ideal para transformar alimentos em líquidos e para aveludar cremes sem deixar pedaços.

Uma dica muito importante para quando você quiser textura é sempre adicionar todos os líquidos da receita primeiro e ir jogando os sólidos pouco a pouco conforme o creme pega textura e fica mais liso.

Liquidificador com socador

Ele tem uma abertura na tampa onde é possível encaixar um socador que quase encosta na lâmina. Isso é maravilhoso para trazer textura.

GELEIA DE FRUTAS VERMELHAS

Rende: 1 porção
Tempo de preparo: 15 minutos

3 xícaras (chá) de frutas vermelhas
3 colheres (sopa) de açúcar de coco ou mascavo
2 colheres (sopa) de sumo coado de limão-siciliano
1 colher (chá) de aceto balsâmico
2 colheres (sopa) de azeite
½ colher (café) de sal
1 pau de canela (opcional)

Aqueça o azeite, adicione o pau de canela e deixe por 1 minuto. Acrescente os demais ingredientes e cozinhe no fogo baixo até reduzir ao ponto desejado. Tire a canela e deixe esfriar.

DICA
• No lugar da geleia, finalize com frutas vermelhas frescas.

Geleia de arroz

Muito utilizada na culinária macrobiótica, a geleia de arroz nada mais é do que a fermentação enzimática da germinação do arroz.

Além de ser cheia de nutrientes, é uma ótima opção de adoçante natural e tem índice glicêmico baixo — sendo portanto absorvida lentamente, gerando saciedade. Extremamente saborosa, suave e de cor e sabor neutros, esta geleia é a substituta perfeita do mel em receitas veganas.

Conheci este ingrediente há pouco tempo, quando estive em Lisboa em um restaurante vegano supercharmoso, o Cozinha de Alecrim. A Pati, chef de lá, me apresentou, e foi amor à primeira vista!

Se tiver planos de ir para aqueles lados, já sabem: comprem e tragam um pote para mim de presente.

JANTAR FESTIVO

CRUMBLE DE FRUTAS AMARELAS

Rende: 8 porções
Tempo de preparo: 30 minutos
Tempo de forno: 30 minutos
Utensílio: refratário de 20 cm de diâmetro
que possa ir ao forno

Crumble sempre foi a minha praia. A combinação de frutas, farofinha crocante e especiarias, de preferência quentinhas e acompanhadas de um belo sorvete, não tem para ninguém, na minha opinião.

Para sair do tradicional, preparei um mix de sabores e texturas, todos da mesma cor, para despertar nossos sentidos.

Para o recheio
1 xícara (chá) de carambola
1 xícara (chá) de pêssego
1 banana-nanica grande
100 g de damasco hidratado por 30 minutos
⅓ de xícara (chá) de açúcar de coco
3 colheres (sopa) de manteiga de cacau
   ralada ou óleo de coco sem sabor
½ colher (café) de flor de sal
1 pitada de canela
1 pitada de cardamomo em pó (opcional)

Para a crosta
½ xícara (chá) de farinha de amêndoa
½ xícara (chá) de aveia sem glúten
   em flocos
1 xícara (chá) de castanha-do-pará
   grosseiramente picada
1 xícara (chá) de semente de abóbora sem
   casca
¼ de xícara (chá) de coco ralado
⅓ de xícara (chá) de açúcar de coco
1 colher (café) rasa de sal

2 colheres (sopa) de manteiga de cacau
   ralada, manteiga vegana ou óleo de coco
   sem sabor

Para acompanhar
sorvete (sugestão: caramelo, da p. 48)

Recheio
Corte a carambola em fatias de 1 cm e vá cortando as "estrelas" ao meio algumas vezes até obter vários losangos. Corte o pêssego em pedaços de 2 cm. Corte a banana em rodelas de 1,5 cm e depois ao meio, formando meias-luas. Corte o damasco em 4, formando tiras.

Incorpore as frutas aos demais ingredientes e disponha em um refratário.

Crosta
Aqueça o forno a 200°C.

Misture os ingredientes da crosta, formando uma farofinha, e coloque sobre as frutas.

Asse por 20 a 30 minutos, até que a farofa esteja bem dourada e crocante. Sirva quente ou morno e, se quiser, sugiro que finalize com caramelado de amêndoas (p. 285) e sorvete.

Flor de sal
Flor de sal é o nome que se dá aos primeiros cristais de sal que se formam e permanecem na superfície das salinas. Uma operação manual retira apenas essa finíssima película de cristais de sal que se forma na superfície da água, tornando-o uma especiaria.

Sua textura crocante e suave faz toda a diferença na hora de finalizar pratos, principalmente as sobremesas, que têm seu sabor extremamente acentuado quando servidas acompanhadas desses magníficos cristais.

FAST-FOOD

qui você vai encontrar releituras das deliciosas "tranqueiras" em versões saudáveis e supernutritivas!

MASALA

CAJUN DEFUMADO

O tempero cajun ou creole é alma da culinária robusta do Sul dos Estados Unidos, que mistura influências francesas, africanas e indígenas. Uma de suas marcas registradas é o gosto defumado, que também fica incrível no tempero de hambúrgueres, molho barbecue e batatas rústicas.

Para chegar aos sabores da Louisiana, você vai precisar de:

- 5 colheres (sopa) de páprica defumada
- ½ colher (sopa) de alho em pó
- ½ colher (sopa) de cebola em pó
- ½ colher (sopa) de cominho em pó
- ½ colher (sopa) de coentro em pó
- ½ colher (sopa) de tomilho seco
- 1 colher (sopa) de orégano seco
- ½ colher (chá) de canela em pó
- ½ colher (chá) de pimenta-de-caiena em pó

Bata todos os temperos em um moedor de especiarias até que as ervas virem pó ou misture tudo, deixando-as inteiras.

Guarde em um vidro seco e limpo.

Use em molhos, legumes, batatas assadas e hambúrgueres.

Pimenta-de-caiena

Quente, vibrante e saborosa, é muito utilizada nas geleias de pimenta e está fortemente presente na culinária cajun, típica de New Orleans, e em pratos à base de frutos do mar. Como ela é aceleradora do metabolismo, pode ser misturada a bebidas com chá verde e gengibre para potencializar seu efeito termogênico.

KETCHUP

Rende: 1 xícara (4 porções)
Tempo de preparo: 10 minutos
Tempo de geladeira: 4 horas

Aprendi a gostar de ketchup depois de "velha", quando comecei a preparar versões naturais para o maridão.

Aqui trago algumas sugestões, porém quero que você use sua intuição para temperar de acordo com seu paladar — mais adocicado, mais picante... Permita-se criar!

- 4 tomates médios sem sementes
- 10 tomates-cereja cortados ao meio ou mais
- 1 tomate médio
- 1 cebola roxa picada
- 1 dente de alho picado
- ¼ de beterraba pequena
- 1 pedaço de 3 cm de gengibre picadinho (opcional)
- ¼ a ½ pimenta-vermelha sem sementes
- 1 galho de manjericão
- 4 colheres (sopa) de azeite
- 2 colheres (sopa) de vinagre de maçã
- 1 colher (chá) de sal rosa ou mais
- 1 colher (chá) de páprica defumada ou mais
- 1 colher (chá) de sementes de coentro
- pimenta-do-reino moída na hora
- 2 colheres (sopa) de açúcar de coco ou mascavo ou mais
- 1 colher (sopa) de polvilho doce

Aqueça o azeite e refogue o alho até dourar. Adicione a cebola e deixe por alguns minutos, depois acrescente o gengibre, a páprica, as sementes de coentro e a pimenta vermelha (apenas um pouco; ajuste a picância no final). Coloque o galho de manjericão inteiro, tempere com uma colher de chá de pimenta-do reino e uma boa pitada de sal rosa. Adicione os tomates e cozinhe delicadamente em fogo baixo por 10 a 15 minutos ou até amolecer, mexendo de vez em quando.

Retire do fogo, tire o galho de manjericão e bata o líquido em um processador ou liquidificador. Passe por uma peneira limpa.

Adicione o açúcar de coco, o vinagre e o polvilho e volte o molho para o fogo e cozinhe para reduzir e engrossar até a consistência de ketchup. Ajuste os temperos — deixe mais adocicado com o açúcar, mais defumado com a páprica, mais picante com a cebola ou mais ácido com o vinagre. Corrija o sal e bata novamente se desejar uma textura mais lisa.

FAST-FOOD

CASCA DE BATATA "FRITA"

Rende: 4 porções
Tempo de preparo: 15 minutos
Tempo de cocção: 30 minutos
Utensílios: pano de prato limpo e frigideira
ampla

Falar em fast-food e não ter uma batatinha para acompanhar não vale!

Pode ser um acompanhamento para hambúrguer, ainda mais se tiver ketchup e mostarda, mas também pode ser a estrela da noite para um jantar mais tradicional.

2 batatas-inglesas ou batatas-doces médias,
bem lavadas
1 colher (sopa) de vinagre
4 colheres (sopa) de azeite extravirgem
2 folhas de louro
1 colher (chá) de pimenta-do-reino em grãos

Para temperar
½ colher (sopa) de flor de sal ou sal grosso
esmagado
1 colher (chá) de cajun defumado (p. 270)
(opcional)
1 colher (sopa) de melado de cana
2 ramos de alecrim

Para refogar
6 colheres (sopa) de azeite
pimenta-do-reino moída na hora

Lave bem as batatas e coloque em uma panela grande. Acrescente o vinagre, 2 colheres (sopa) de azeite, as folhas de louro rasgadas, os grãos de pimenta-do-reino, o sal a gosto e água gelada até cobrir e leve ao fogo alto.

Quando ferver, reduza o fogo para médio e deixe por 15 minutos ou até que as batatas estejam suficientemente macias. Escorra bem as batatas e coloque-as sobre um pano de prato limpo. Com elas ainda quentes, corte ao meio na vertical, e então corte cada metade em 4 ou 8 partes na horizontal (se a batata for muito grande, corte em mais pedaços), formando de 8 a 16 "canoas" — o importante é que sejam compridas e que todas as partes tenham casca.

Coloque em uma superfície lisa e cubra com um pano de prato limpo. Com a palma da mão, esmague cada pedaço em direção à casca para deixar mais achatada. Faça isso muito lentamente e com suavidade, sem deixar quebrar.

Passe a batata para uma assadeira e repita a operação com o restante.

Tempere todas as batatas com azeite, melado, sal e cajun e reserve. Tire o alecrim dos talos.

Preaqueça o forno a 200ºC.

Aqueça uma frigideira em fogo médio-alto, adicione 4 colheres (sopa) de azeite e alguns ramos de alecrim. Quando alcançar a temperatura suficiente para espirrar 1 gota de água, vá acrescentando com cuidado as batatas, sem deixar que elas se encostem ou que fiquem muito perto umas das outras.

Deixe sem mexer por 5 a 6 minutos, até que fiquem bem crocantes na base.

Volte-as para a assadeira. Pique um pouco de alecrim e misture às batatas junto com a pimenta. Leve para assar por 10 a 15 minutos, para secar e ficar mais crocante.

Polvilhe 1 pitada de flor de sal e pimenta-do-reino e sirva quentinha.

MOSTARDA COM MELADO

Rende: 2 a 4 porções
Tempo de preparo: 10 minutos
Tempo de marinada: 1 semana
Utensílio: fouet

⅔ de xícara (chá) de mostarda seca em pó
¼ de xícara (chá) de melado de cana
1 colher (chá) de sal rosa
½ colher (chá) de cúrcuma
¼ de colher (chá) de páprica doce
1 colher (chá) de alho em pó
½ xícara (chá) de vinagre de maçã

Coloque todos os ingredientes numa tigela média e misture com um fouet até obter uma pasta homogênea. Transfira para um pote médio de vidro, bem limpo e seco, e feche bem.

Deixe a mostarda descansar na geladeira por 1 semana antes de consumir para acentuar o sabor.

Dura 1 mês se bem armazenada.

DICA
- A qualidade e o sabor da mostarda podem interferir bastante nesta preparação, então opte por marcas com o sabor mais suave.

Mostarda

Com sabor levemente picante e terroso, os grãos da mostarda podem ser claros ou escuros. São usados não só no preparo do molho que leva seu nome, mas também em picles, cebolas caramelizadas e marinadas.

Os molhos para salada e as maioneses veganas ganham um sabor especial com a mostarda em pó.

Sem dúvida as pastas feitas à base de mostarda são a forma mais conhecida e fácil de consumir esta semente. Cada região tem uma receita típica e usa um tipo de grão. Essas pastas geralmente levam vinagre, vinho, mel e ervas. Existem receitas com cerveja e com pimenta. Algumas mostardas mais suaves são feitas com os grãos da mostarda branca combinados com estragão.

FAST-FOOD

TOFUNESE ROSÉE

Rende: 4 a 8 porções
Tempo de preparo: 10 minutos
Utensílio: liquidificador

    ¼ de beterraba pequena sem casca
    ¾ de xícara (chá) de tofu orgânico
    ¼ de xícara (chá) de azeite
    1 ½ colher (sopa) de mostarda
    ¼ de dente de alho pequeno ralado
ou pasta de alho
    ⅓ de colher (chá) de sal negro moído na hora (p. 186)
    ½ colher (chá) de sal de especiarias
ou mais sal negro
    ¼ de colher (chá) de sal rosa
    ½ a 1 colher (sopa) de melado de cana
    ½ colher (sopa) de sumo coado de limão
    20 gotas de tabasco (opcional)
    2 colheres (sopa) de água (opcional)

Coloque todos os ingredientes em um liquidificador bem potente e bata até obter uma textura bem aveludada e lisa. Ajuste os temperos e sirva gelado.

FAST-FOOD

FALÁFEL BÚRGUER

Rende: 4 mini-hambúrgueres ou 2 grandes
Tempo de molho: 12 a 24 horas
Tempo de preparo: 20 minutos
Utensílio: processador de alimentos

Para a base

- 1 xícara (chá) de grão-de-bico hidratado (p. 88)
- ½ xícara (chá) de batata-doce assada ou cozida *al dente*
- ¼ de xícara (chá) de inhame cru ralado
- ¼ de xícara (chá) de cenoura ralada
- ½ cebola picadinha
- ⅓ a ½ xícara (chá) de hortelã
- ⅓ a ½ xícara (chá) de cheiro-verde
- 4 colheres (sopa) de farinha de amêndoa levemente torrada
- 4 colheres (sopa) de farinha de aveia sem glúten
- 2 colheres (sopa) de polvilho doce

Para temperar

- 2 colheres (sopa) de azeite
- 1 colher (chá) de ervas secas
- 1 colher (chá) de sal rosa
- 2 colheres (chá) de alho em pó
- 1 colher (chá) de pimenta síria ou mais
- 1 pitada de cominho em pó
- 1 pitada de canela em pó

Para finalizar

- 2 colheres (sopa) de semente de girassol torrada
- 1 colher (sopa) de sumo coado de limão ou mais
- 1 colher (sopa) de tahine libanês suave ou mais
- farinha de linhaça para empanar

Refogue a cebola com 2 colheres (sopa) de azeite e espere dourar. Coloque as especiarias, as ervas secas, o sal rosa, o alho em pó, a pimenta síria e o cominho e mexa por mais alguns minutos. Adicione a cenoura ralada e mexa por 1 minuto.

Enquanto a cebola refoga, processe o grão-de--bico e a batata-doce *al dente* ainda quentes para que fiquem em forma de purê. Acrescente a farinha de amêndoa, o polvilho, a hortelã e o cheiro-verde e bata até incorporar bem.

Acrescente esse purê ao refogado com a cenoura e deixe reduzir bem e firmar.

Quando estiver bem firme, coloque em um bowl e incorpore os demais ingredientes: ajuste o sal e adicione o limão, o tahine e as sementes.

Molde os hambúrgueres, passe em um prato com farinha de linhaça e grelhe em uma frigideira (para deixar mais suculento) ou asse no forno preaquecido a 180ºC por aproximadamente 20 minutos (para uma textura mais sequinha).

Sugestão de montagem

- 1 pão de hambúrguer
- 1 faláfel búrguer
- 4 colheres (sopa) de cebolas caramelizadas (p. 256)
- 2 colheres (sopa) de pesto (p. 242) ou molho de tahine (p. 125)
- queijo cremoso tipo chèvre (p. 200) ou outro de sua preferência
- 2 fatias de tomate temperadas com azeite e sal
- brotos ou um punhado de rúcula selvagem (opcional)

Corte o pão ao meio e aqueça em uma chapa.

Ponha o faláfel búrguer sobre o pão, adicione o queijo de sua preferência, os tomates, o molho pesto e por fim as cebolas caramelizadas.

Finalize a apresentação com brotos ou com um punhado de rúcula selvagem e deixe a outra fatia de pão encostada ao lado.

POLVILHO DOCE
Quando aquecido com um pouco de líquido, o polvilho doce fica com uma textura elástica e é uma ótima alternativa para dar textura em hambúrgueres, kaftas (p. 80) e molhos.

FAST-FOOD

HAMBÚRGUER DE COGUMELOS

Rende: 4 mini-hambúrgueres ou 2 grandes
Tempo de preparo: 30 minutos
Tempo de marinada: 30 minutos
Tempo de forno: 30 minutos
Utensílio: assadeira

200 g de cogumelo shitake picado em cubos de 2 cm × 2 cm
¼ de xícara (chá) de funghi porcini cortados em cubos de 2 cm × 2 cm (substitua por outro se preferir)
¾ de xícara (chá) de abóbora-japonesa em cubos pequenos sem a casca
½ cebola pequena picadinha
1 dente de alho picado ou 1 colher (sopa) de pasta de alho (p. 22)
2 colheres (sopa) de azeite ou manteiga de cacau
1 colher (chá) de canela em pó
2 colheres (chá) de páprica defumada

Para a marinada
2 colheres (sopa) de azeite
1 laranja espremida e coada
1 a 2 colheres (sopa) de missô claro
2 colheres (sopa) de shoyu sem glutamato
ou shoyu de coco
10 gotas de tabasco
5 a 10 espirradas de fumaça líquida (p. 162) (opcional)

Para finalizar
¼ de xícara (chá) de cebolinha-francesa finissimamente picada ou nirá
½ xícara (chá) de farinha de aveia sem glúten
1 colher (sopa) de polvilho doce
4 colheres (sopa) de *nutritional yeast*

1 colher (chá) de açúcar de coco ou melado de tâmara (p. 54)
¼ de colher (chá) de sal rosa ou mais
pimenta-do-reino moída na hora a gosto

Abóbora
Preaqueça o forno a 190ºC.

Coloque azeite e sal rosa nos cubos de abóbora crua e em temperatura ambiente e incorpore bem. Disponha em uma assadeira, deixando um pequeno espaço entre eles, e leve para assar até ficarem macios e mais sequinhos. Tire do forno e amasse imediatamente até obter um purê.

Cogumelos
Hidrate os funghi porcini em água fervente (apenas até cobri-los por inteiro). Deixe por 10 minutos e reserve a água. Corte em pequenos pedaços de 2 cm.

Corte os cogumelos e misture os ingredientes da marinada. Deixe o shitake descansar nela enquanto prepara o restante.

Refogado
Refogue o alho no azeite até dourar, adicione a cebola e deixe por 5 minutos até começar a marinar. Adicione a canela e a páprica defumada e deixe mais um pouco. Escorra e reserve a marinada do shitake e o caldo do funghi e acrescente os cogumelos à panela.

Aumente o fogo e deixe dourar e dar uma leve torradinha. Despeje a marinada do shitake e o caldo do funghi, tampe e deixe cozinhar. Destampe depois de 5 minutos e deixe até evaporar por completo. O cogumelo deve ficar bem sequinho.

Acrescente o purê de abóbora, o polvilho doce e a farinha de amêndoa e continue mexendo. Deixe até ficar uma massinha bem firme — dessa forma você utilizará menos farinha.

Tire do fogo, incorpore os ingredientes da finalização e ajuste os temperos. Verifique se a massa ficou firme. Se estiver mole demais, dê o ponto com mais farinha ou volte ao fogo para reduzir; se estiver seca, coloque 1 colher (sopa) de azeite.

Modele os hambúrgueres e grelhe em fogo médio-baixo em uma frigideira untada com azeite. Tampe e deixe por 2 minutos. Deixe dourar de ambos os lados.

SUBSTITUIÇÕES

- Utilize o ragu de cogumelos da página 224 nesta preparação. Coloque no fogo para reduzir, incorpore a abóbora e os demais ingredientes e ajuste os temperos.

- Use ingredientes que já estejam prontos na sua geladeira no lugar da abóbora, como grão-de-bico ou lentilha, batatas ou mandioquinha. Para isso, passe pelo processador ou pelo liquidificador até obter um purê firme.

- Substitua a farinha de amêndoa por farinha de semente de girassol.

Sugestão de montagem
- 1 pão de hambúrguer
- 1 hambúrguer de cogumelos
- 2 colheres (sopa) de molho agridoce defumado (p. 161)
- 2 colheres (sopa) de coalhada de castanha (p. 60) ou outro queijo de sua preferência
- 2 fatias de tomate temperadas com azeite e sal
- ½ avocado cortado em tiras e temperado com limão, azeite e sal
- folhas de mostarda (opcional)
- brotos (opcional)

Corte o pão ao meio e aqueça em uma chapa.

Passe o molho no pão, coloque o hambúrguer de cogumelos e depois a coalhada de castanha ou o queijo de sua preferência levemente aquecido sobre ele. Se optar pelas folhas de mostarda, coloque-as agora.

Adicione as fatias de tomate e finalize com tiras finas de avocado ou com uma flor de avocado (p. 220).

Finalize a apresentação com brotos e deixe a outra fatia de pão encostada ao lado.

FAST-FOOD

Funghi

De origem italiana e bastante consumido na Europa, o funghi pode ser composto de alguns tipos de cogumelos. Um dos mais famosos é o porcini, que possui cor clara e sabor delicado.

O funghi serve de base para levar textura e sabor a molhos, almôndegas, hambúrgueres e risotos, ou ainda pode ser puxado no azeite como antepasto ou na cobertura de toasts (p. 225). Pode ser usado em sua forma natural ou seco, como é bastante vendido, o que acabou tornando o funghi secchi um cogumelo "à parte".

Com sua textura delicada, porém firme, o funghi se caracteriza pelo aroma expressivo, realçando o sabor em preparações simples. Utilize-o sozinho ou acompanhado de outras variedades de cogumelos in natura.

Cebolinha-francesa

Cebolinha-francesa, cebolinho ou *ciboulette* é uma erva originária da Europa e atinge até 50 cm de altura quando floresce.

Semelhante à cebolinha-verde presente no tradicional cheiro-verde, a cebolinha-francesa tem folhas mais finas e sabor e textura mais delicados. Nos meus pratos, a cebolinha-verde foi substituída pela suavidade da cebolinha-francesa, mas você pode utilizar a que preferir.

Tanto as folhas quanto as flores cor-de-rosa podem ser utilizadas como tempero em diversos tipos de receita ou para levar delicadeza à finalização dos pratos.

"Shoyu" de coco

Feito com a seiva das flores do coqueiro, o "shoyu" de coco é um molho fermentado que funciona como ótimo substituto para o shoyu tradicional, que normalmente tem glutamato monossódico (p. 94) na composição.

Também chamado de coco aminos, ele tem menos sódio e é mais nutritivo. Pode ser utilizado em todas as preparações em que você costuma utilizar o shoyu — fica ótimo em molhos para saladas, receitas orientais ou com cogumelos ou apenas para dar um toque especial na hora de finalizar um prato.

FAST-FOOD

NUGGETS

Rende: 12 unidades
Tempo de preparo: 20 minutos
Tempo de forno: 30 minutos
Utensílios: processador de alimentos, assadeira e papel-manteiga

Sem dúvida os nuggets estavam entre as minhas maiores paixões quando era pequena. Eu já havia testado várias versões veggie dele, com pedaços de tofu ou tomate verde, porém nunca havia utilizado ingredientes moídos. Esta receita é bem especial, e o melhor de tudo é que tem uma quantidade proteica ótima para uma refeição equilibrada.

Para o recheio
200 g de tofu orgânico defumado
½ xícara (chá) de farinha de amêndoa
3 colheres (sopa) de *nutritional yeast*
1 colher (sopa) de azeite
¼ de colher (chá) de cebola em pó
¼ de colher (chá) de alho em pó
⅓ de colher (chá) de sal rosa
1 colher (chá) de orégano

Para o primeiro empanado
azeite
farinha de arroz

Para o segundo empanado
"ovo" (p. 154)

Para a farinha de rosca (sugestão)
2 fatias de pão de fermentação natural envelhecido
2 colheres (sopa) de farinha de amêndoa
2 colheres (sopa) de fubá orgânico
1 colher (chá) de sal rosa

Primeiro, prepare a farinha de rosca, se for usar uma caseira. Corte o pão em pedaços menores, tempere com um pouco de azeite e 1 pitada de sal e leve para assar até começar a dourar. Deixe esfriar, coloque em um processador de alimentos com os demais ingredientes e bata até obter uma farinha com pequenos pedaços. Coloque ⅓ da farinha em um prato pequeno e raso e reserve.

Agora, prepare o "ovo" (como na receita de milho-doce, p. 154): misture a farinha de grão-de-bico, o sal, a cúrcuma e o polvilho e vá colocando água quente aos poucos até obter uma misturinha fina, porém não totalmente líquida. Coloque em um prato amplo e reserve.

Recheio
Em um processador de alimentos, coloque todos os ingredientes e bata até obter uma massinha. Ajuste os temperos, faça bolinhas de aproximadamente 20 g e achate com as mãos.

Primeiro empanado
Passe as bolinhas no azeite e empane na farinha de arroz. Leve para a geladeira para firmar.

Segundo empanado
Passe o nugget no "ovo", cobrindo-o por inteiro, então passe na farinha, formando uma camada bem grossinha.

Forno
Preaqueça o forno a 180ºC.
Disponha os nuggets em uma assadeira untada com um pouco de azeite e leve ao forno por aproximadamente 30 minutos, até dourar, virando-os na metade do tempo.

DICA
• Adicione legumes raladinhos ou queijo vegano para trazer novos sabores e texturas.

SHOT

MILKSHAKE DE BANANA COM CARAMELO

Rende: 4 shots de 100 ml
Tempo de freezer no pré-preparo: 4 horas
Tempo de preparo: 5 minutos
Utensílio: liquidificador

    1 xícara (chá) de banana congelada em cubos (1 a 2 bananas aprox.)
    ⅓ de xícara (chá) de leite de aveia ou outro leite vegetal de sua preferência
    1 colher (chá) de óleo de coco sem sabor
    ½ a 1 colher (sopa) de açúcar de coco
    1 pitada de sal
    1 pitada de canela

Para finalizar
    caramelado de amêndoas (p. 285)
    nibs de cacau

Bata todos os ingredientes no liquidificador até ficar uniforme e cremoso.

Coloque o caramelado de amêndoas no fundo de um copinho de shot, adicione a mistura e finalize com mais caramelo e nibs de cacau.

BANANA CONGELADA

Sabe aquela banana madura que está deixada de lado ou que vai estragar? Uma ótima alternativa é cortá-la em rodelas e congelar.

Elas podem servir de base para dar textura em receitas de smoothies, milkshakes e açaís (p. 124). Você pode fazer com qualquer variedade; só não recomendo a banana-da-terra. Corte as bananas em rodelas não muito finas.

Adicione gotinhas de sumo de limão para que não fiquem escuras (opcional).

Coloque em um pote de vidro e leve para congelar por pelo menos 4 horas. Quando bem armazenadas, elas duram até 6 meses no congelador. Se desejar, para economizar espaço, pode congelar as bananas batidas em forma de purê em forminhas de gelo.

FAST-FOOD

CARAMELADO DE AMÊNDOAS

Rende: 4 porções
Tempo de preparo: 10 minutos
Tempo de cocção: 15 minutos
Utensílio: miniprocessador ou fouet

⅓ de xícara (chá) de pasta de amêndoas
¼ de xícara (chá) de melado de cana, xarope de bordo ou melado de tâmara (p. 54)
2 colheres (sopa) de manteiga de cacau ou óleo de coco sem sabor derretido
1 pitada generosa de sal

Incorpore todos os ingredientes em um miniprocessador ou com um fouet.

DICA
- Por ter óleo de coco ou manteiga de cacau, esta preparação endurece quando esfria; então mantenha fora da geladeira para ficar com a textura adequada para utilizar no shot de banana.

FAST-FOOD

BOLO DE CHURROS DA LOLI

Rende: 2 kg (serve 10 pessoas)
Tempo de preparo: 20 minutos
Tempo de forno: 40 minutos
Utensílios: fouet e fôrma redonda de 20 cm

Para adoçar este capítulo em grande estilo, convidei a Loli para ensinar para você meu bolo preferido!

O doce deleite incrível que ensinei na página 206 agora vai virar recheio para este bolo de churros maravilhoso e bem fofinho.

1 xícara (chá) de farinha de aveia sem glúten
1 xícara (chá) de farinha de amêndoas sem pele
2 xícaras (chá) de farinha de arroz
½ xícara (chá) de polvilho doce
4 colheres (sopa) de farinha de linhaça
4 colheres (sopa) de água
½ xícara (chá) de óleo de coco
2 xícaras (chá) de leite vegetal (coco ou castanhas)
1 xícara (chá) de açúcar de coco
½ xícara (chá) de melado de cana (ou açúcar de coco)
1 colher (sopa) de vinagre de maçã
1 colher (sopa) de extrato natural de baunilha
1 colher (sopa) de canela em pó
2 colheres (chá) de fermento
1 colher (chá) de bicarbonato de sódio
uma pitada de sal rosa

Para o recheio
2 a 3 porções de doce deleite (p. 206)

Calda para a montagem (opcional)
500 ml de água
1 xícara (chá) de açúcar de coco
1 pitada generosa de sal

Preaqueça o forno a 180ºC.

Primeiro prepare o "ovo vegano", diluindo a farinha de linhaça em 4 colheres de sopa de água e reservando. Em seguida, misture os ingredientes secos em um bowl.

Pulverize o açúcar de coco (p. 208) e passe a farinha de amêndoas em uma peneira para ela ficar bem fininha. Ambos os processos acima servem para deixar o bolo mais fofinho. Adicione o bicarbonato, a canela e o sal aos secos e reserve.

Misture os ingredientes molhados: o óleo de coco derretido, o "ovo" de linhaça, leite vegetal, o vinagre de maçã e o extrato natural de baunilha. Bata em uma batedeira ou com o fouet até que estejam incorporados e fiquem uniformes.

Acrescente os secos aos molhados e mexa por alguns minutos, até que a massa fique bem homogênea e brilhante; por fim, finalize incorporando o fermento.

Asse por aproximadamente 50 minutos. Quando começar a sentir o cheiro de bolo, verifique o ponto sem deixar o calor do forno sair. Deixe esfriar e incorpore o doce deleite como cobertura.

Montagem (opcional)
Se deseja fazer uma montagem especial, faça a calda de açúcar para umedecer o bolo (se quiser saborizá-la, adicione cravo e canela em pau). Misture bem o açúcar na água e deixe ferver. Reserve para esfriar.

Depois que o bolo assado estiver frio, corte-o em pelo menos 3 partes iguais com uma faca grande de pão.

Coloque a primeira camada de bolo no prato em que será montado e fixe-o com um pouco do doce deleite. Vá montando nesta ordem: disco de bolo, pinceladas de calda fria e recheio, até terminar com uma última camada de bolo. Depois, cubra com o restante do doce deleite.

Tome cuidado com a quantidade de recheio, porque se a camada for muito grossa ela pode pesar e não sustentar o bolo.

DETOX

Depois de tantas gostosuras, é mais do que necessário dar um descanso ao nosso organismo. Para fechar o livro com chave de ouro, nada melhor do que um belo dia de detox.

Que honra a minha ter uma das pessoas que mais admiro no mundo da alimentação escrevendo um capítulo inteirinho para nós! Sargam Shook vive esse universo da alimentação saudável há quase quatro décadas — além de fundador do Santuário Osho Lua, na Chapada dos Veadeiros, ele conduz programas de detox para grupos fechados.

Foi inspirado em um desses programas, que normalmente duram cinco dias, que ele criou este cardápio revitalizante de um dia líquido e alcalino para compartilhar saúde com todos nós.

Dar uma pausa para o nosso corpo é essencial para a saúde, em especial quando estamos nos sentindo cansados, estressados, deprimidos, desmotivados ou simplesmente quando precisamos renovar as energias.

Os sucos, quando feitos frescos e mantidos crus, mantêm seus nutrientes intactos e são extremamente ricos em enzimas, vitaminas, antioxidantes, minerais e fitonutrientes, que nutrem diretamente as células do corpo de uma forma pura e direta.

DETOX

COMO PREPARAR SEU SUCO?

Para manter o maior número de nutrientes — tentando sempre priorizar alimentos orgânicos —, o ideal é utilizar uma centrífuga ou um juicer de prensa a frio, mas os sucos podem ser feitos também em um liquidificador simples.

Passe as frutas sem casca pela centrífuga — exceto as cítricas, que devem ser espremidas, e seu sumo é introduzido depois. Já verduras e legumes podem ser utilizados com casca.

Se optar pelo liquidificador, bata todos os ingredientes, adicionando um pouco de água de coco para bater, se necessário. Depois de bater, passe por um voal ou uma peneira bem fina (se ela não coar tão bem, passe duas vezes).

DICAS

• Se você realmente quiser obter os benefícios de três dias de líquidos, aproveite para começar uma dieta à base de alimentos alcalinos um ou dois dias antes. Dê prioridade a frutas, algas, verduras e saladas e evite alimentos processados, derivados de animal, pães, álcool e alimentos gordurosos, e claro, capriche na água mineral. Lembre-se de optar por alimentos orgânicos e utilize apenas a água do coco fresco.

• Já que você vai se dar esse presente, tente dedicar esse dia apenas a se cuidar. Escolha um dia mais calmo em que você possa descansar. Dê férias ao celular, ao trabalho e às tarefas domésticas. CONECTE-SE!

• É possível que você sinta alguns desconfortos, como uma leve dor de cabeça, principalmente se tiver o hábito de consumir café — nesse caso, um ótimo substituto é o matchá (tem receitinha com ele no capítulo "Piquenique", na p. 116). Mas fique tranquilo, é muito mais provável que você se sinta perfeitamente bem.

• Esses possíveis desconfortos vêm de uma pequena "desintoxicação", e a melhor maneira de evitar isso é comer alimentos integrais e saudáveis antes da limpeza e diminuir o consumo de cafeína.

Benefícios
• Elimina resíduos metabólicos

• Aumenta a vitalidade e os níveis de energia

• Melhora a concentração e o foco mental

• Reduz inflamações

• Melhora a circulação

• Desincha

• Melhora a digestão

• Traz mais consciência sobre nossos hábitos alimentares

• Previne doenças

RITUAIS

Os rituais a seguir fazem toda a diferença no processo de desintoxicação e são indicados para serem introduzidos no seu dia a dia.

1. Bochecho com óleo de coco ou de gergelim

Segundo a medicina ayurvédica, essa é uma ferramenta incrível para promover a higiene bucal, clarear os dentes, trazer vitalidade para as gengivas, remover placas e prevenir cáries.

Bochechar óleo de coco ou de gergelim ajuda a puxar toxinas e bactérias da boca, ajudando na remoção de substâncias nocivas e na limpeza e trazendo cura para a sua saúde bucal.

Como fazer?
Tanto o óleo de coco como o óleo de gergelim são ótimas opções para esse ritual. Sugiro o óleo de coco para dias mais quentes, pois ele se solidifica em temperaturas mais baixas, e o de gergelim para os dias mais frios. Ambos devem ser extravirgem e prensados a frio por possuírem mais propriedades.

Coloque de ½ a 1 colher (sopa) do óleo na boca, sem acrescentar água. Bocheche por 5 a 15 minutos, sem parar. A própria saliva vai tornando o bochecho mais volumoso, portanto tome cuidado para não colocar demais. Comece com menos óleo e por menos tempo e vá evoluindo aos poucos. O bochecho idealmente deve ser feito pela manhã, de preferência logo ao acordar. Não engula o óleo, pois ele estará repleto de toxinas. Cuspa e enxágue bem a boca, escovando os dentes na sequência.

DICA
• **Deixe o óleo ao lado da cama e comece o bochecho logo ao levantar, enquanto faz suas tarefas matinais. O tempo vai passar voando!**

2. Limpeza da língua
Durante a noite nosso corpo aproveita para fazer uma faxina em nosso organismo, e muitas das toxinas são liberadas pela boca, ficando armazenadas na língua.

Limpar a língua é um hábito necessário e maravilhoso para nossa saúde.

Como fazer?
Todos os dias, ao acordar ou após seu bochecho matinal, passe com delicadeza o limpador na língua. Comece bem no fundo da língua (com cuidado para não machucar ou provocar náusea) e traga até a ponta. Repita o processo algumas vezes e bocheche com água na sequência.

Utilize um limpador de metal, idealmente de inox ou de cobre. Você pode encontrar com facilidade pela internet ou em estúdios de ioga e lojas de produtos ayurvédicos. Caso você não tenha o limpador, pode-se utilizar uma colher grande para fazer esse procedimento.

3. Água morna
Ao acordar nosso corpo pede algo quentinho, com a temperatura parecida com que nosso organismo está. Tome um copo de água morna, idealmente com suco de um limão, que pode ser substituído por uma colher de chá de vinagre de maçã orgânico, se desejar. Ambos são excelentes neutralizadores da acidez interna e perfeitos para despertar seu organismo.

DICA
• **Potencialize os efeitos desse tônico adicionando suco de gengibre e/ou cúrcuma.**

4. Pranayama
Exercícios de respiração, por mais breves que sejam, são muito bem-vindos, pois ajudam a limpar através dos pulmões, além de nos trazer para o momento presente. É um ótimo jeito de começar o dia com mais plenitude.

5. Esfoliação com bucha vegetal
A bucha é uma ótima aliada para ajudar na remoção de toxinas do corpo e pode ser utilizada todos os dias.

Esse processo ajuda a remover as células mortas da pele que entopem os poros, ativando a circulação sanguínea e estimulando o sistema linfático.

Como fazer?
Molhe a bucha vegetal em água quente para amolecer suas fibras. Passe-a idealmente na pele ainda seca, da cabeça aos pés, dando ênfase às regiões que contêm gânglios, como pescoço, axilas, virilha e atrás dos joelhos.

6. Banho de sulfato de magnésio
Também conhecido como sal amargo ou sal de Ep-

DETOX

som, o sulfato de magnésio pode ser comprado pela internet ou em farmácias. Esse composto químico é encontrado na natureza em geral em fontes de água, e seus nutrientes podem fazer bem tanto para a estética quanto para a saúde do nosso corpo.

Utilizá-lo num escalda-pés ou num banho quente de banheira é uma ótima forma de absorver magnésio e eliminar as toxinas do corpo.

O magnésio tem diversas funções benéficas no corpo: regula a atividade de mais de 325 funções metabólicas, reduz inflamações, previne o enrijecimento das artérias e auxilia nas funções musculares e dos nervos. Já o sulfato auxilia a expelir toxinas, a absorver nutrientes e também no tratamento de dores de cabeça ou mesmo enxaquecas.

Como fazer?

Para o escalda-pés, encha uma bacia com água quente e adicione ½ xícara de sal amargo. Permaneça com os pés na água por 20 a 30 minutos.

Para o banho de imersão, encha uma banheira com água quente e adicione 2 xícaras de sal amargo. Esse ritual deve ser feito toda semana por pelo menos 15 minutos, preferencialmente à noite, pois a combinação do efeito da água quente com a liberação de toxinas pode causar sonolência ou mesmo uma leve tontura. Não enxágue o corpo, apenas seque com uma toalha macia. Esse banho pode ser dado em crianças, porém não é recomendado para mulheres grávidas e pessoas com problemas cardíacos e pressão alta.

ALIMENTOS PARA O DIA A DIA

Spirulina: é considerada um superalimento, ou seja, um alimento que apresenta talvez a mais rica e completa fonte de nutrientes que a natureza tem a oferecer.

Rica fonte de fitonutrientes, proteínas, vitaminas (incluindo A, K, B1, B2, B6 e B12), minerais (ferro, cálcio e magnésio, entre outros), ácidos graxos essenciais, ácidos nucleicos (RNA e DNA), polissa-

carídeos e antioxidantes, esta microalga verde-azulada em forma de espiral é na verdade uma cianobactéria.

A spirulina contém uma substância chamada fenilalanina, que, além de estimular a saciedade, apresenta efeitos antioxidantes e anti-inflamatórios. Este alimento ainda fortalece o sistema imunológico, aumenta os níveis de energia do corpo, atua no sistema cardiovascular e contribui para a saúde dos olhos e do cérebro.

Chlorella: esta microalga unicelular também é considerada um poderoso superalimento, possuindo uma densidade extraordinária de nutrientes.

Entre suas propriedades estão a alcalinização do corpo — corrigindo um estado de acidez, em que a maioria das doenças prospera —, a purificação e otimização do oxigênio do sangue — em razão do seu alto índice de clorofila — e a eliminação de muitas toxinas, tais como poluentes industriais e metais pesados.

Matchá: alimento alcalino e energizante, é uma ótima opção para os adeptos do café, pois conta com uma boa quantidade de cafeína mas não acidifica o sangue.

Probióticos: são bactérias benéficas que vivem no intestino e melhoram a saúde geral do organismo, trazendo benefícios como melhora na digestão e na absorção de nutrientes e o fortalecimento do sistema imunológico.

Estão presentes em alimentos fermentados, como kombucha, iogurte, kefir, kimchi, missô (p. 222), entre outros. Também é possível comprar cápsulas prontas ou mandar manipular em laboratórios.

RISE AND SHINE COCKTAIL

Rende: 1 a 2 porções
Tempo de preparo: 5 minutos
Utensílio: voal
Quando tomar? Desjejum

A água morna proporciona um despertar alegre, acordando seu corpo com carinho. O vinagre de maçã alcaliniza o organismo e ajuda na digestão.

Esta bebida será seu desjejum e deve ser tomada logo ao acordar, após sua rotina de higiene matinal.

500 ml de água morna
Sumo coado de 1 limão
fatia de 2 cm de gengibre
fatia de 2 cm de açafrão-da-terra fresco (opcional)
1 colher (sopa) rasa de vinagre de maçã orgânico
1 pitada de sal

Rale o gengibre e o açafrão fresco e passe por um voal para obter apenas o sumo. Esprema o limão e misture todos os ingredientes. Beba em jejum.

Açafrão-da-terra (cúrcuma)
Tem função anti-inflamatória e antiviral, estimula e aumenta a produção e o fluxo de bile, limpa o fígado e ajuda na digestão.

Vinagre de maçã
Além de alcalinizar o organismo, ajuda na digestão. Tome em jejum, junto com o limão ou no lugar dele.

DETOX

GOLDEN TONIC

Rende: 1 porção
Tempo de preparo: 5 minutos
Utensílios: voal e liquidificador
Quando tomar? De 30 minutos a 1 hora após o desjejum

sumo de 1 limão
fatia de 2,5 cm de açafrão-da-terra fresco
ou 1 colher (chá) de açafrão ralado
fatia de 2 cm de gengibre
2 xícaras (chá) de água de coco fresca
1 laranja-baía
½ xícara de manga
1 colher (chá) de óleo de coco
1 pitada de pimenta-do-reino moída na hora

Rale o gengibre e o açafrão fresco e passe por um voal para obter apenas o sumo. Esprema os cítricos (limão e laranja) e bata todos os ingredientes. Beba em temperatura ambiente.

Manga
Combate a prisão de ventre, por ter efeito laxante, e melhora a digestão. Tem ação imunoestimulante, que ajuda o sistema imunológico a prevenir doenças.

Laranja
Grande fonte de vitamina C, é ótima para deixar a imunidade lá em cima. Rica em hesperidina, que é conhecida por atuar como um forte antioxidante, protege o corpo contra ataques de radicais livres.

DETOX

GREEN ALCALINE

Rende: 1 porção
Tempo de preparo: 10 minutos
Utensílios: voal e centrífuga ou liquidificador
Quando tomar? Entre 1 e 2 horas após
o último suco

1 ½ talo de salsão
1 pepino sem casca
2 folhas de couve
1 limão-siciliano
(ou qualquer outro tipo de lima ou limão)
3 maçãs verdes ou vermelhas
um punhado de salsinha ou coentro ou brotos
fatia de 2,5 cm de gengibre

Rale o gengibre fresco e passe por um voal para obter apenas o sumo. Esprema o limão.

Passe os demais ingredientes pela centrífuga. Se optar pelo liquidificador, pique bem todos os ingredientes, retire a casca da maçã, adicione um pouco de água de coco, o salsão e o pepino (os ingredientes que possuem mais água) e bata. Passe por um voal para coar.

Volte o líquido para o liquidificador e bata com os demais ingredientes, depois coe novamente. Beba em temperatura ambiente.

Salsinha

Rica em vitaminas e cheia de minerais como fósforo, cálcio e magnésio, a salsinha, por ser um alimento diurético, que estimula a função renal, contribui para diminuir a retenção de líquido do organismo.

Pepino

Rico em antioxidantes, protege as células contra os radicais livres. Restabelece funções do sistema linfático e ajuda a eliminar toxinas.

Salsão

Contém antioxidantes em abundância, o que faz dele um alimento poderoso e capaz de expulsar as toxinas nocivas do corpo.

Coentro

É utilizado há séculos pelos povos asiáticos para auxiliar no tratamento de distúrbios digestivos devido à sua capacidade de estimular o organismo a produzir mais enzimas e sucos digestivos, facilitando a digestão e impedindo a formação de gases.

É um ótimo tranquilizante natural, que pode ser utilizado para combater a ansiedade e diminuir a tensão causada pelo estresse.

DICA
• O sumo de coentro, salsa e pepino é uma boa forma de repor as vitaminas B e acalmar a mente após um longo dia.

DETOX

BERRY DELÍCIA

Rende: 1 porção
Tempo de preparo: 10 minutos
Utensílio: liquidificador
Quando tomar? Entre 1 e 2 horas após
o último suco

1 banana
½ xícara (chá) de frutas vermelhas in natura
ou congeladas (mirtillo, morango ou framboesa,
por exemplo)
1 fatia média de abacate
um punhado de folhas de espinafre
2 xícaras (chá) de água de coco

Bata todos os ingredientes no liquidificador. Beba
em temperatura ambiente.

DICA

• Para mudar um pouco o clima do seu
dia líquido, faça seu smoothie com uma
textura mais firme e tome de colher!

Banana

Rica em fibras, a ingestão de banana ajuda a normalizar o trânsito intestinal, acalmando o intestino. Ela possui vitamina B, que ajuda a acalmar o sistema nervoso, trazendo a sensação de bem-estar.

Mirtilo

Rico em propriedades antioxidantes e em fibras, auxilia no combate aos radicais livres, retardando o envelhecimento. Ajuda a controlar a hipertensão e a melhorar a memória.

Framboesa

Além de ser rica em fibras, importantíssimas para o bom funcionamento do intestino, a framboesa possui uma série de vitaminas, além de cálcio e magnésio.

Morango

Repleta de fibras e flavonoides, a fruta ajuda no controle da hipertensão e também na prevenção contra doenças cardiovasculares.

Abacate

Fornece energia, aumentando a disposição. Contém vitaminas A e do complexo B, além de sais minerais como ferro, cálcio e o fósforo. É rico em vitaminas E e C, potentes antioxidantes que ajudam a promover a saúde dos dentes e das gengivas e também protegem os tecidos do corpo de danos oxidativos.

Espinafre

O espinafre é a mais rica fonte vegetal de coenzima Q10, um composto presente nas mitocôndrias, o centro de produção de energia das células. A CoQ10 reforça o sistema imunológico e é um antioxidante que neutraliza os radicais livres, o que contribui para a longevidade.

SUPER SPIRULINA

Rende: 1 porção
Tempo de preparo: 10 minutos
Utensílio: liquidificador
Quando tomar? Entre 1 e 2 horas após o último suco

>   água de 1 coco verde
>   polpa de 1 coco verde
>   1 colher (chá) de spirulina

Bata em um liquidificador metade da água de coco com a polpa e a spirulina até incorporar bem. Adicione o restante da água. Beba em temperatura ambiente.

Água de coco
Rica em vitaminas, minerais, aminoácidos, carboidratos, antioxidantes, enzimas e outros fitonutrientes que ajudam o corpo a funcionar com mais eficiência.

Spirulina
Contém uma substância chamada fenilalanina, que, além de estimular a saciedade, apresenta efeitos antioxidantes e anti-inflamatórios. Este superalimento ainda fortalece o sistema imunológico, aumenta os níveis de energia do corpo, atua no sistema cardiovascular e contribui para a saúde dos olhos e do cérebro.

DETOX

BLOOD CLEANSER

Rende: 1 porção
Tempo de preparo: 10 minutos
Utensílios: voal e centrífuga ou liquidificador
Quando tomar? Entre 1 e 2 horas após o último suco

- 3 cenouras
- 1 pepino sem casca
- 2 maçãs
- 1 beterraba pequena
- fatia de 2,5 cm de gengibre

Rale o gengibre fresco e passe por um voal para obter apenas o sumo.

Passe os demais ingredientes pela centrífuga. Se optar pelo liquidificador, pique bem todos os ingredientes, retire a casca das maçãs, adicione um pouco de água de coco e o pepino (os ingredientes que possuem mais água) e bata. Passe por um voal para coar.

Volte o líquido para o liquidificador e bata com os demais ingredientes, depois coe novamente. Beba em temperatura ambiente.

Cenoura
A cenoura é rica em fibras solúveis e insolúveis, que ajudam a combater a prisão de ventre.

A vitamina A presente na cenoura pode melhorar a resposta anti-inflamatória do organismo devido ao seu efeito antioxidante. Além disso, estimula as células de defesa, ajudando a fortalecer o sistema imunológico.

Maçã
Fortalece o sistema imunológico, atua no sistema digestivo e evita o envelhecimento precoce.

DETOX

SOPA ACOLHEDORA

Rende: 1 porção
Tempo de preparo: 15 minutos
Tempo de fogo: 20 minutos
Utensílio: liquidificador
Quando tomar? Entre 1 e 2 horas após
  o último suco

1 xícara (chá) de abóbora-japonesa sem
  casca picada em cubos
½ xícara (chá) de inhame sem casca picado
  em cubos
1 tomate picado sem semente
½ talo de alho poró em rodelas (opcional)
pedaço generoso de gengibre finamente
  picado
fatia de 2 cm de cúrcuma fresca
ou 1 colher (chá) dela em pó
um punhado de ervas frescas
pimenta-do-reino moída na hora
1 a 2 colheres (sopa) de óleo de coco ou
  azeite
1 a 1 ½ colher (chá) de sal de especiarias
  (ou sal marinho a gosto)
4 xícaras (chá) de caldo de legumes ou água
  ou leite de amêndoa

Pique a cúrcuma e o gengibre e refogue no óleo de
coco junto com a pimenta-do-reino. Adicione a abóbora, o tomate e o inhame e refogue por aproximadamente 3 minutos. Adicione o caldo de legumes,
tampe e cozinhe por 20 minutos.

Bata no liquidificador e ajuste o sal e a consistência com o caldo, se necessário.

Inhame

Fortifica os gânglios linfáticos, que são responsáveis pela defesa do sistema imunológico, deixando
o corpo mais forte e prevenindo doenças.

Abóbora

Composta de 90% de água, a abóbora é um alimento
de baixa caloria e com muitos nutrientes benéficos.
Possui mais fibras que a couve, mais potássio que
a banana e é rica em magnésio, manganês e ferro. A
abóbora também é uma ótima fonte das vitaminas
A e C e de riboflavina.

As grandes quantidades de vitaminas presentes na abóbora protegem o corpo e o ajudam a se
recuperar mais rapidamente de infecções, vírus e
doenças.

DETOX

LATTE DE DENTE-DE-LEÃO

Rende: 1 porção
Tempo de preparo: 10 minutos
Quando tomar? Antes de deitar

½ xícara (chá) de chá de dente-de-leão
1 xícara (chá) de leite de amêndoa ou de coco
   (p. 72)
maple cru
ou outro adoçante de sua preferência a gosto
1 pitada generosa de canela
ou chai massala (opcional)
1 pitada de açafrão (opcional)

Faça um chá de dente-de-leão colocando um punhado generoso da erva em 150ml de água fervente, tampe e deixe por 10 minutos; misture com o leite vegetal e os demais ingredientes opcionais. Aqueça levemente e adoce a gosto, se desejar.

Dente-de-leão

Possui diversas propriedades nutritivas e medicinais que contribuem para a saúde e o bom funcionamento do nosso corpo. Esta PANC (planta alimentícia não convencional) facilita a digestão, é diurética, depurativa para o sangue, desintoxicante e ótima para tratar constipação. Além disso, é muito indicada para problemas no fígado, anemia e diabetes.

INSPIRAÇÕES E AGRADECIMENTOS

A natureza me inspira demais: suas formas, cores, seus sons e cheiros são algo que constantemente me deixam mais viva, e com isso surgem as inspirações.

Mas o que mais me fascina na natureza é a sua permanente transformação. Eu me identifico demais com isso. Afinal, aquilo que faz sentido para mim hoje pode não ser o mesmo de ontem.

Adoro me desprender dos padrões e receber o novo de coração aberto, e me defino como uma pessoa que está sempre em transformação. Que venham minhas muitas outras versões.

* * *

Hora de agradecer, que momento mais gostoso!

Em primeiro lugar, agradeço ao meu grande companheiro de jornada, o Jotinha, que fez parte de muitas das receitas deste livro e sempre esteve ao meu lado, vibrando a cada conquista.

À Bahia, terra que me abraça, inspira e acolhe, onde escrevi cada página deste livro.

À Aninha, que já faz parte da família e está sempre comigo na cozinha dando suporte às minhas criações.

Ao meu pai, Waldir, com quem aprendi a batalhar pelos meus sonhos e correr atrás para concretizá-los.

À minha mãe, Diva, por me ensinar tanto. Agradeço a ela e à minha irmã por sempre apoiarem com amor as minhas escolhas, por mais malucas que elas possam parecer.

À Juju e à Mad, da The Daily Company, por transmitirem através de suas fotos as mais lindas versões dos meus pratos.

À Joana, à Alice, ao Ayrton e à Carol, por acreditarem no projeto e ajudarem a torná-lo real.

Às mulheres maravilhosas Mia, Thaina, Ju, Lu, Carol, Manu, Pati, Dessa, Ali, Nanda e Thais, que acompanharam a minha trajetória até aqui sempre dando suporte às minhas aventuras.

A toda a equipe maravilhosa da Companhia das Letras pelo carinho e pela dedicação em fazer sair do papel este grande sonho.

<3 Patty

ÍNDICE REMISSIVO

As páginas indicadas em **negrito** referem-se às receitas.

abacate, 298

abóbora: como descascar, 174; japo-nesa, 40, 70, 172, 278, 302; Salga-do de abóbora, **172**

abobrinha, 84-5, 164, 177, 180, 246; Pesto de abobrinha, **177**, 178

acaçá, 44

açafrão-da-terra *ver* cúrcuma

açaí, 124; Açaí bowl, **124**

acelga, 84-5

ácidos graxos essenciais, 293

ácidos nucleicos, 293

acordando os grãos, 88

açúcar de coco, 21, 46, 55, 90, 126, 152, 176, 206, 210, 212, 237, 243, 265, 266, 271, 278, 286

açúcar pulverizado, 48

água de coco, 31, 290, 300

água de rosas, 55

aipo, 20, 126

alcachofra, 33, 41

alcalina, alimentação, 288, 290, 293

alecrim, 19, 260

alface, coração de, 246

Alfajor, **208**, 210

alga kombu, 88

alho, 22, 146, 148; Alho assado, **146**; como tirar o cheiro dos dedos, 146; cru, 22; em pó, 22, 192; Man-teiga de alho, **148**; pasta de alho, 22, 146, 148, 175, 192, 198, 202; refogado, 22

alho-poró, 172, 255; *Crisps* de alho--poró, 252, 254, **255**

amaranto, 170, 262

Amazônia, 122

amêndoas, 56, 72, 179, 230, 248; Leite de amêndoa, **72**, 73, 208, 302, 304; pasta de amêndoas, 285; Ricota de amêndoa com ervas, **56**, 58, 130

amendoim, 221; Molho picante de amendoim, **132**; pasta de, 125, 132; Pasta de amendoim ao mis-sô, **221**, 222

aminoácidos, 300

AMMA chocolates, 210

anemia, 304

anti-inflamatórios, alimentos, 300

antioxidantes, alimentos, 24, 31, 42, 116, 138, 288, 293, 295-6, 298, 300-1

árabe, culinária, 21, 50-91, 136

Argentina, 143

aros de metal, 34, 239

Arroz com lentilha à moda síria — mjadra, **86**

arroz integral, 102, 236; Arroz inte-gral com cúrcuma, **102**

arroz negro/selvagem, 252, 254

asiática, culinária, 21, 243

aspargos, 240; Creme de aspargos com banana ao curry, **240**

Asprey, Dave, 169

aveia, 266

avocado, 100, 130, 220; Avocado toast, **218**; Flor de avocado, 218, **220**

ayurvédica, medicina, 290

azeite com zaatar, 58, 136

azeite de dendê, 42

Babaganush, **62**

Bacon de tofu, 104, 106, **197**, 198

Bahia, 28, 36, 44, 48, 118, 126

banana, 34, 124, 240, 266, 284, 298; congelada, 284; banana-da-terra, 33, 41, 107; banana-passa, 138; Milkshake de banana com cara-melo, **284**; Purê de banana-da-

-terra com gengibre, **107**; Tartar de banana e carambola, **34**

banho-maria, 210

Barbosa, Lidiane, 256

Barcelona, 136

baru, 138

batata, 148, 172, 272, 279; bolinha, 260

batata-doce, 272, 276

Batatinhas carameladas com alecrim, 186, **260**

baunilha, 168-9

berinjela, 62, 134, 180; Babaganush, **62**; Lâminas de berinjela defumada ao missô, **134**, 136

Berry delícia, **298**

beterraba, 68, 96, 100, 130, 157, 176, 186, 188, 275, 301; Carpaccio de beterraba, 246, **250**; Picles de beterraba e pepino, **157**, 158, 250

bicarbonato de sódio, 112

biribiri, 32

Blood cleanser, **301**

Bolinho gelado de banana, cacau e baru, **138**

Bolo de churros da Loli, **286**

Brant, Cynthia, 204

Brigadeiro de colher, **212**

Brisas do Espelho, pousada em Trancoso, 238

brócolis, 164, 172

brotos de alfafa, 130

Brownie de chocolate, **112**

Bruxinha de doce deleite, **232**

bucha vegetal, esfoliação com, 292

Bulletproof coffee, **169**

Bulletproof Diet, The (Dave Asprey), 169

cacau, 46, 212, 226-7

café, 55, 118, 169, 290, 293

Café coado no chá de canela, **118**

caju, 160; Vinagrete de caju, **160**

cajun, tempero, 270, 272; Cajun defumado, **270**

cálcio, 21, 136, 138, 186, 293, 296, 298

Califórnia, 116

canela, 19, 116, 118, 168; canela-da--china, 118; canela-da-índia, 118

carambola, 34, 266

Caramelado de amêndoas, 266, 284, **285**

carboidratos, 166, 300

Carbonara, **198**

cardamomo, 19, 55, 116, 168, 236

Cardoso, Tatiana, 240

Carpaccio de beterraba, 246, **250**

Casca de batata "frita", **272**

Casquinha de siri fingido da baiana, **190-1**

castanha de baru *ver* baru

castanha-de-caju, 40, 60, 82, 98, 106, 110, 120, 144, 175, 182, 200, 202, 204, 212, 230, 248, 256-7, 262, 264; hidratada, 206

castanha-do-pará, 266

Castanhas com chimichurri, **144**, 158

castanhas, como hidratar, 264

Castelo, Pati, 22-4, 214, 216

cauim, 122

cebola, 256-7; caramelizada, 276-7; como suavizar, 33; Torta de cebola caramelizada, **256-7**

cebolinha, 34

cebolinha-francesa, 34, 280

cenoura, 70, 96, 100, 126, 130, 158, 176, 186, 192, 242, 276, 301; Pesto rústico de cenoura e sementes de abóbora, **242**; Tartar de cenoura, **186**

centrífuga, 290

cervejas, 217

Ceviche de coco verde, **32**

Chá de maracujá e gengibre, **261**

chá preto, 116

chá verde, 116, 270

chai masala, 118

Chancliche de amêndoa, **73**

chapa × grelha, 165

Chapada dos Veadeiros, 139, 288

chapati, 118

Charutinho, **84-5**

Cheesecake, **262**

chèvre, queijo tipo; Chèvre com crosta de amêndoas, 246, **248**; Queijo cremoso tipo chèvre, 100, **200-1**, 238-9, 276

chimichurri, 143-4; Chimichurri seco, **143**

China, 118

chlorella, 293

chocolate, 46, 90, 112, 138, 182, 208; cobertura de, 210

churrasco, 140

Cingapura, 169

clorofila, 293

Club sandwich, **128**

Coalhada de castanha, **60**, 76, 100, 179, 250, 279

coco, 190-1, 266

coco verde, 300; Ceviche de coco verde, **32**

coentro, 30, 42, 243, 296

coenzima Q10, 298

cogumelos, 40, 224, 280; cogumelos-de-paris, 164; funghi, 80, 280; funghi porcini, 278; Hambúrguer de cogumelos, **278-9**; Kafta de funghi, **80**; Moqueca de cogumelos, **40-1**; portobello, 164; Ragu de cogumelos, 179, 222, **224-5**, 227, 279; shitake, 164, 278; Toast de cogumelos, amendoim e missô, **222**

Colorado, EUA, 128

como cozinhar grãos, 88-9

como evitar que a massa da torta infle e rache, 111

conhaque, 48

couve, 296; Salada de kale, pepitas e avocado, **100**

couve-flor, 70, 108, 172, 178, 240; Couve-flor cremosa e crocante, **108**

couve-portuguesa, 100

Cozinha da Loli, 286

Cozinha de Alecrim, Lisboa, 265

cravo, 111, 236
Creme azedo, 154, **156**, 179
Creme de aspargos com banana ao curry, **240**
cremor de tártaro, 112
creole, tempero, 270
Crisps de alho-poró, 252, 254, **255**
Crocante de nozes, **237**, 238-9
Crostini multigrãos, **170**, 248, 255
Crumble de frutas amarelas, **266**
culinária árabe, 21, 50-91, 136
culinária asiática, 21, 243
culinária indiana, 55, 118, 168, 236, 243
culinária judaica, 136
culinária macrobiótica, 265
culinária marroquina, 118
culinária norte-americana, 270
culinária vegana, 40, 50, 74, 76, 97, 116, 126, 140, 143, 184, 190, 204, 212, 226, 230, 264-5, 274, 286
cúrcuma, 18-9, 30, 40-1, 94, 98, 102, 106, 116, 122, 142, 150, 154, 190-1, 202, 236, 282, 292, 294-5
Curry, **236**, 252, 254

damasco, 84-5, 266
dente-de-leão, 304; *Latte* de dente-de-leão, **304**
detox, 288-304
diabetes, 304
Dias, Érico, 48
diuréticos, alimentos, 296, 304
Divina granola, **120**
Doce deleite, **206**, 232, 286

endro, 216
enzimas, 288, 296, 300; digestivas, 222
equinácea, 142
erva-doce, 20, 118
ervas, frescas, 25
Esfiha, **58**
Espaguete à bolonhesa de tempeh, **226-7**

Espetinho de legumes defumados, **164**
espinafre, 298
Estados Unidos, 94
Etiópia, 169

facas, 174; afiador de, 174
Faláfel búrguer, **276-7**
farinhas: de amêndoa, 58, 110, 112, 138, 170, 172, 177, 208, 232, 256-7, 266, 278, 282, 286; de arroz, 58, 112, 208, 255, 286; de aveia, 110, 208, 232, 262, 286; de castanha-de-caju, 262; de coco, 46; de grão-de-bico, 170; de linhaça, 208, 276; de rosca, 282
farofa, 230; Farofa AMMA, **46**; Farofa de castanha, **106**
favas, 111
fécula de batata, 112
feijão, 66, 88, 104, 111, 243; Feijão de forno, **104**; massa de, 228
Fermento "químico" caseiro, **112**
ferro (elemento), 19, 138, 210, 293, 298, 302
fibras, 31, 78, 138, 228, 292, 298, 301-2
figo, 238-9; seco, 238-9; Terrine de figo, **238-9**
fitonutrientes, 288, 293
Flor de avocado, 218, **220**
flor de sal, 266
folha de arroz, 132
Fondue, **202**
fôrma de bolo inglês, 239
fósforo (elemento), 296, 298
framboesa, 298
frutas vermelhas, 265, 298
fubá, 58, 256-7
fumaça líquida, 161-2, 186, 188, 192, 194, 197, 245, 278
funghi, 80, 280; porcini, 278; Kafta de funghi, **80**

garam masala, 116, 118
geleia de arroz, 243, 265
Geleia de frutas vermelhas, 262, **265**

gengibre, 18-9, 40, 42, 72, 96, 107, 132, 142, 157, 224, 236, 243, 250, 261, 270-1, 292, 294-6, 301-2
gergelim, 18, 21, 136, 170
gersal: com nori, 21; simples, 21
gim, 217
glutamato monossódico, 94
goiaba, 152; Goiabada, **152**; Molho de goiaba picante, **152**
Golden matchá, **116**; Golden matchá latte, **116**
golden milk, 236
Golden tonic, **295**
granola, 124
grão-de-bico, 64, 68, 88, 111, 228, 276, 279; massa de, 228
grãos, como cozinhar, 88-9
Green alcaline, **296**

hambúrguer, 89, 152; Hambúrguer de cogumelos, **278-9**
herbes de Provence, 25
hesperidina, 295
Himalaia, 169
homus, 89, 136, 212; Homus de couve-flor, **70**; Homus defumado, **66**; Homus pink, **68**, 218; Homus tradicional, **64**
hortelã, 31; Molho de hortelã, **82**
Hot dog, **192**

Immunity booster, **142**
Índia, 55, 118, 168, 236, 243
indiana, culinária, 55, 118, 168, 236, 243
Indonésia, 111, 228
inhame, 58, 202, 302
iogurte, 293
Israel, 53, 125

Jaca Box, São Paulo, 196
jaca, como abrir, 196; como escolher, 196; Lombo de jaca, 188, **194-6**
judaica, culinária, 136

Kafta de funghi, **80**
kashmiri chai, 116
kefir, 293
Ketchup, 186, 192, **271**
kimchi, 293
kiwi, 31
kombucha, 293; Kombucha com zimbro, **217**

La Fromagerie Vegan, 204
Lâminas de berinjela defumada ao missô, **134**, 136
Laos, 132
laranja, 295
lasanha, 230; Lasanha de legumes, **180**
laticínios, alimentação livre de, 200, 264
Latte de dente-de-leão, **304**
Leite de amêndoa, **72**, 73, 208, 302, 304
leite de aveia, 284
leite de castanha, 90, 98, 112
leite de coco, 40-1, 44, 48, 55, 90, 107, 116, 190-1, 243, 252, 254, 304
leite vegetal, 44, 82, 98, 112, 124, 148, 202, 240, 256-7, 262, 286
Lemon pepper, **94**, 95, 170, 237
lentilha, 76-7, 86, 88, 228, 252, 254, 279
Líbano, 53
limão, 94; taiti, 175; siciliano, 175, 202, 220, 252, 254, 262, 265
linhaça dourada, 112
líquida, alimentação, 288, 290
liquidificador × processador, 265
Lisboa, 265
Lombo de jaca, 188, **194-6**
lowcarb, 70, 166-83, 227-8
Luglio, Nati, 198

maçã, 110, 176, 226-7, 301; Torta de maçã, **110**
maca peruana, 124
macrobiótica, culinária, 265

Madagascar, 168
magnésio, 78, 138, 186, 210, 293, 296, 298, 302
maionese de wasabi, 186
mandioca, 122, 172
mandioquinha, 58, 172, 279
mandoline, 157, 250
manga, 55, 158, 295; Shot de manga com água de rosas, **55**
manganês, 302
manjericão, 19
Manteiga de alho, **148**
manteiga de cacau, 46, 90, 169, 182, 206, 208, 212, 232, 266
maracujá, 38, 261; Molho de maracujá, **38**, 158
Marrocos, culinária marroquina, 118
Martin, Enzo, 122
Mary shot, **96**
masala, 16; chai, 116; *Masala* com baunilha, **168**
Massa, Thaís, 182
massas, o ponto perfeito, 228
massas alternativas, 228
matchá, 116, 290, 293
medidores, 230-1
Melado de tâmara, **54**, 285
melão, 31
milho, 126, 154; Milho doce em crosta de parmesão e creme azedo, **154**
Milkshake de banana com caramelo, **284**
minerais, 288
miniagrião, 158, 179, 246
minialface, 158, 246
minicenouras, 164
minirrúcula, 158, 188
mirtilo, 298
missô, 56, 98, 108, 118, 125, 134, 136, 150, 175, 177-8, 198, 200, 202, 221-2, 242, 256-7, 262, 278, 293; de grão-de-bico, 36
Mix de pimentas e sal defumado, **216**
Molho agridoce defumado, **161**, 279
molho cítrico, 252

Molho de goiaba picante, **152**
Molho de hortelã, **82**
Molho de maracujá, **38**, 158
Molho de tahine, **125**, 136, 218, 276
molho de tomate, 176
Molho dijon, **97**, 100, 158
Molho oriental, **243**, 246
molho pesto, 178, 238-9, 276-7; Pesto rústico de cenoura e sementes de abóbora, **242**; Pesto de abobrinha, **177**, 178
Molho picante de amendoim, **132**
monguba, 41
Moqueca de cogumelos, **40-1**
morango, 298
mostarda, 192, 274; Mostarda com melado, **274**; de Dijon, 97, 127; em pó, 274

Nepal, 169
New Orleans, 270
nibs de cacau, 90, 120, 124, 212, 221, 284
norte-americana, culinária, 270
Nova cozinha natural fácil e gostosa (Maucha Queiroz), 44
nozes, 177
nozes-pecãs, 90, 112, 237, 239
noz-moscada, 19, 168, 236, 252, 254
Nuggets, **282**
nutritional yeast, 98, 108, 150, 157, 172, 177, 192, 194, 198, 200, 202, 224, 230, 250, 252, 254-7, 262, 278, 282

óleo de coco, 169, 200, 206, 210, 212, 232, 262, 284, 286, 290, 292; sem sabor, 91, 182
óleo de gergelim, 132, 162, 243, 290, 292
Origem Temperos, 221-2
"ovo", 154, 282

palmito, 158; *ver também* pupunha
pão pita, 136

páprica, 150, 270

Parmesão de amêndoa, 108, 154, 178, 180, 188, 190-1, 198, 222, 226-7, **230**, 242

pasta de alho, 22, 146, 148, 175, 192, 198, 202

pasta de amêndoas, 285

pasta de amendoim, 125, 132; Pasta de amendoim ao missô, **221**, 222

Pedrosa, Ju, 36

Penicillium roqueforti (cultura para roquefort), 204

pepino, 133, 157, 296, 301

Pepitas com lemon pepper, **95**, 100, 174, 250

Peru, 124, 126

pêssego, 266

pesto *ver* molho pesto

Pesto de abobrinha, **177**, 178

Pesto rústico de cenoura e sementes de abóbora, **242**

picles, 157; Picles de beterraba e pepino, **157**, 158, 250

pimenta, 216; pimenta-da-jamaica, 52, 168; pimenta-de-caiena, 270; pimenta-do-reino, 94; Pimenta síria, **52**

pimentão, 190-1

pincel, 180

pinoli, 177, 179, 250

pistache, 90, 116, 239, 248; Torta de pistache, tahine e cacau, **90-1**

polissacarídeos, 293

polvilho doce, 58, 80, 277, 286

portobello, cogumelo, 164

potássio, 19, 210, 302

Praia do Espelho (Bahia), 118

pranayama, 292

probióticos, 200-1, 204, 222, 293

processador × liquidificador, 265

proteína vegetal, 31

proteínas, 293

puba, 122

Pudim salgado de arroz, **44**

pumpkin pie, 118

pupunha, 33, 36, 41, 227; Sopa fria de pupunha, **36**; *ver também* palmito

Purê de banana-da-terra com gengibre, **107**

Queijo amarelo de castanha, **98**

Queijo bleu (tipo roquefort/ gorgonzola), **204**

Queijo cremoso tipo chèvre, 130, **200-1**, 248, 250, 276-7

Queiroz, Maucha, 44

quenelle, 100

quibe: assado, 256; Quibe assado recheado, **76-8**; Quibe cru, **74**

quinoa, 127, 252, 254; vermelha, 76-8; massa de, 226-8

Quintal da Glória, Trancoso, 190

Quionese (maionese de quinoa), 126, **127**, 186

radicais livres, combate aos, 298

Ragu de cogumelos, 179, 222, **224-5**, 227, 279

raladores, 42

Refresco de kiwi e hortelã, **31**

Requeijão de castanha, **175**, 178, 180, 227

riboflavina, 302

Ricota de amêndoa com ervas, **56**, 58, 130

Rise and shine cocktail, **294**

Risoto caprese, **178-9**

rúcula, 178, 242, 246, 250

sal, 18; de especiarias, 18; defumado, 216; grosso, 18; negro, 186, 275; verde, 20

Salada de flores e folhas da estação, **39**

Salada de grãos com *crisps* de alho-poró, 89, **252-4**, 256

Salada de kale, pepitas e avocado, **100**

salada de minifolhas com picles de beterraba, manga e castanhas ao chimichurri, **158**

Salada de tomate e pepino, **133**, 136

Salada mandala verde, **246**

Salgado de abóbora, **172**

Salpicão, **126**, 127-8

salsão, 271, 296

salsinha, 296

Sanduíche no pão pita, **136**

Santuário Osho Lua (pousada na Chapada dos Veadeiros), 139, 288

saquinhos antiumidade, 255

saúde bucal, 290-2

sementes: de abóbora, 95, 120, 170, 177-8, 242, 266, 276; de coentro, 30; de girassol, 170, 250, 276; de mostarda, 252, 254

Shane Kaya (aldeia indígena no Acre), 122

shitake, 164, 278

Shook, Sargam, 288

Shot de manga com água de rosas, **55**

shoyu, 40-1, 80, 94, 97, 104, 125, 130, 132, 157, 161-2, 164, 188, 192, 194, 197, 221, 224, 243, 245, 250, 260, 278, 280; de coco, 125, 250, 278, 280

Síria, 118

sistema imunológico, 293, 301-2

sistema linfático, 292

sódio, 186, 280

soja, 221-2, 228

"Sonho de valsa", **182**, 210

Sopa acolhedora, **302**

Sopa fria de pupunha, **36**

Sorvete de caramelo salgado, **48**

spirulina, 293, 300

spray de fumaça, 80

Spring roll, **130**

sucos, 288, 290; suco verde, 243

sulfato de magnésio (sal amargo ou sal de Epsom), 292-3

sumagre, 53, 86

Super spirulina, **300**

Sylvinha (Praia do Espelho), 118

Tagliata, **188**

tahine, 21, 62, 64, 66, 68, 70, 76, 82, 90, 91, 118, 125, 136, 276; Molho de tahine, **125**, 136, 218, 276

Tailândia, 132

Taiti, 168

tâmaras, 54, 90, 120, 239; medjool, 138, 161; Melado de tâmara, **54**, 285

tapioca, 122; flocada, 120; Tapioca raiz (rösti de mandioca), **122**

Tartar de banana e carambola, **34**

Tartar de cenoura, **186**

tempeh, 80, 226-8; Espaguete à bolonhesa de tempeh, **226-7**

Tempero baiano, **30**, 40

Tempero defumado, **162**, 164

temperos: cajun, 24; creole, 24; *herbes de Provence*, 25; *masala*, 24

Terrine de figo, **238-9**

Tibete, 169

Toast de cogumelos, amendoim e missô, **222**

tofu, 56, 127, 150, 152, 156, 197-8, 256-7, 275, 282; Tofu coalho no palito, **150**, 152, 202, 250; defumado, 104, 126, 172, 226-7; Bacon de tofu, 104, 106, **197**, 198

Tofunese rosée, 250, **275**

tomate, 96, 130, 133, 158, 160, 176, 178, 190-1, 226-7, 244, 271; tomates-cereja, 164, 271

Tomate seco, 161, **244**, 245

Tomate seco temperado, **245**, 246

Torta de cebola caramelizada, **256-7**

Torta de maçã, **110**

Torta de pistache, tahine e cacau, **90-1**

tortas, como evitar que a massa infle e rache, 111

toxinas, eliminação de, 290, 292-3, 296

Trancoso, 36, 96, 118

UAI Tofu, 150

umami (quinto sabor), 221-2

Uruguai, 143

utensílios: afiador de facas, 174; aros de metal, 34, 239; centrífuga, 290; chapa × grelha, 165; facas, 174; fôrma de bolo inglês, 239; liquidificador × processador, 265; mandoline, 157, 250; medidores, 230-1; pincel, 180; raladores, 42

uva, 246

vegana, culinária, 40, 50, 74, 76, 97, 116, 126, 140, 143, 184, 190, 204, 212, 226, 230, 264-5, 274, 286

viagens: Amazônia, 122; Bahia, 28, 36, 118; Barcelona, 136; Califórnia, 116; Colorado, 128; Laos, 132; Peru, 126; Praia do Espelho, 118; Tailândia, 132; Trancoso, 118

Vietnã, 169

vinagre de maçã, 292, 294

Vinagrete de caju, **160**

vinho tinto, 226-7

vitaminas, 288, 293; A, 298, 301-2; B, 230, 296, 298; C, 295, 298, 302; E, 298

xarope de bordo, 97

Yamaçake, Paulo, 221-2

Zaatar, 21, **53**, 58, 125

zimbro, 217

zinco, 138, 186, 210

Copyright © Patricia Helú 2021
Copyright das fotografias © Julia Guedes e Madelaine Seagram, *The Daily Company*

Companhia de Mesa é um selo da Editora Schwarcz S.A.

Grafia atualizada segundo o Acordo Ortográfico da Língua Portuguesa de 1990, que entrou em vigor no Brasil em 2009.

CAPA E PROJETO GRÁFICO Alceu Chiesorin Nunes
FOTO DE CAPA Julia Guedes e Madelaine Seagram, *The Daily Company*
FOTO DA P. 37 Pato Ramos
PREPARAÇÃO Andréa Bruno
ÍNDICE REMISSIVO Probo Poletti
REVISÃO Márcia Moura e Isabel Cury

Textos azeite de dendê, água de rosas, baunilha, canela, cardamomo, cravo, cúrcuma, gengibre, gergelim, matchá, mostarda, páprica, pimenta-da-jamaica, pimenta-de-caiena, sementes de coentro em grãos, zimbro e masalas por Patrícia Castelo

Texto capítulo detox por Shargam Shaok

Dados Internacionais de Catalogação na Publicação (CIP)
(Câmara Brasileira do Livro, SP, Brasil)

Helú, Patricia
　Divina alquimia / Patricia Helú. — 1ª ed. — Companhia de Mesa, 2021.

　　ISBN 978-65-86384-04-8

　1. Alimentação saudável 2. Culinária vegana 3. Dieta sem glúten – Receitas 4. Receitas (Culinária) 5. Receitas veganas I. Título.

20-51726　　　　　　　　　　　　　　　　CDD-641.5636

Índice para catálogo sistemático:
1. Culinária vegetariana e sem glúten : Receitas   641.5636
Cibele Maria Dias – Bibliotecária – CRB-8/9427

[2021]
Todos os direitos desta edição reservados à
EDITORA SCHWARCZ S.A.
Rua Bandeira Paulista, 702, cj. 32
04532-002 — São Paulo — SP
Telefone: (11) 3707-3500
www.companhiadasletras.com.br
instagram.com/companhiademesa

Esta obra foi composta por Osmane Garcia Filho em Seria e Akkurat e impressa pela Gráfica Santa Marta em ofsete sobre papel Couché Matte da Suzano S.A. para a Editora Schwarcz em maio de 2021

A marca FSC® é a garantia de que a madeira utilizada na fabricação do papel deste livro provém de florestas que foram gerenciadas de maneira ambientalmente correta, socialmente justa e economicamente viável, além de outras fontes de origem controlada.